やりたいことを全部やる！メモ術

超精简备忘术

为忙碌低效的人生做减法

[日] 臼井由妃 /著　于潇彧 /译

机械工业出版社
CHINA MACHINE PRESS

Original Japanese title：YARITAI KOTO WO ZENBU YARU！MEMOJUTSU

Copyright © Yuki Usui 2019

Originally published in Japan by Nikkei Publishing, Inc.（renamed Nikkei Business Publications, Inc. from April 1, 2020）

Simplified Chinese translation rights arranged with Nikkei Publishing Inc. through The English Agency（Japan）Ltd. and Shanghai To-Asia Culture Co., Ltd.

北京市版权局著作权合同登记　图字：01-2020-1312号。

图书在版编目（CIP）数据

超精简备忘术：为忙碌低效的人生做减法／（日）臼井由妃著；于潇彧译. —北京：机械工业出版社，2020.8
ISBN 978-7-111-66425-3

Ⅰ. ①超… Ⅱ. ①臼… ②于 Ⅲ. ①时间-管理-通俗读物 Ⅳ. ①C935-49

中国版本图书馆CIP数据核字（2020）第162975号

机械工业出版社（北京市百万庄大街22号　邮政编码100037）
策划编辑：刘文蕾　　　　责任编辑：刘文蕾　于化雨
责任校对：李　伟　　　　封面设计：吕凤英
责任印制：张　博
三河市骏杰印刷有限公司印刷
2020年10月第1版第1次印刷
145mm×210mm・6.125印张・104千字
标准书号：ISBN 978-7-111-66425-3
定价：49.80元

凡购本书，如有缺页、倒页、脱页，由本社发行部调换

电话服务　　　　　　　　　网络服务
客服热线：010-88361066　　机　工　官　网：www.cmpbook.com
　　　　　010-88379833　　机　工　官　博：weibo.com/cmp1952
　　　　　010-68326294　　金　书　网：www.golden-book.com
封底无防伪标均为盗版　　　机工教育服务网：www.cmpedu.com

前　言
用"写下来"的方式获得自由

现在，有什么东西会让你不自由？

你一定会想到很多，不过大部分都应该可以被归纳为时间、人际关系、金钱和物品这四大类。

看起来每一类都不太好厘清啊。不过没关系，我们可以用"写下来"的方式使它们清晰起来。

这本书虽然原名为"备忘术"，但它并不是简单的"备忘录书写方法指南"。

这本书其实是想告诉大家如何先通过"写下来"找出无用之事，然后再"毅然舍弃掉"那些多余之事，将全部精力"集中于"自己原本的目标或梦想上，并努力去实现。

通过"①写下来→②舍弃掉→③集中于"这三个步骤，让你从使自己不自由的东西中解脱出来重获自由，"去做所有想做的事"！

让工作、爱好、学习以及个人生活中的乐趣等，那些你以前想去尝试但又不得不暂时忍耐或放弃的事情，都能够实现。这就是这本书的目的。

从这个意义上来看，本书的内容也可以被称为"摘要整理术"。

书中介绍的都是我应用二十多年仍能不断有所收获的方法。使用过这个备忘术的朋友们是这么评价它的：

"让我的思考变得更有条理，可以为我节省出时间去做想做的事。"

"离开麻烦的人，工作就变得更加得心应手。"

"使我从对金钱的困惑中解脱出来，尽情去尝试想做的事情。"

"办公室和家中都清爽一新，在工作和育儿上也愈发顺利起来。"

书中的内容都是我之前只有在研讨会或演讲会等场合才讲过的"备忘术"。

之前出版的那本《超效率工作术：成为"时间富人"的秘密》（日本经济新闻出版社）承蒙读者的喜爱，荣登了畅销榜。但我也听到很多读者说,"自己有很多想做的事,可是时间不够用""家人反对""钱不够用",等等,总之都是"有很多想去尝试的事,但因为某种原因而无法实现"。

我认为,解决这些困扰最好的方式就是向大家讲一讲我的"备忘术"。

这本书实际上就是《超效率工作术:成为"时间富人"的秘密》的实践版,其中也包括了很多我经过不断试错而获得成果的过程中的亲身经验或教训。

对我来说,备忘术是一个很好的人生"帮手"。如果没有备忘术,我现在的一切——事业、重要的人、舒适的环境等,都是无法获得的。

并且,备忘术还有一个很重要的作用——给我们带来想法、金钱、机会以及好运。关于这方面,我当然也会详细地讲解。

"虽然有很多想做的事,但却无法实现。"

"憧憬那种丰富多彩又激动人心的人生。"

如果你也这么想,那么我推荐你读一读这本书。

通过活用备忘术,你也能实现"去做所有想做的事"的人生愿望。

白井由妃

目 录

前言 用"写下来"的方式获得自由

序 章
用"备忘术"找出人生的无用之事

1. 追求效率,不如注重效果 ...003
2. 备忘录是"整理自我"的行动指南 ...005
3. 把写下来的事情分成四类 ...007
4. 写下来只是手段,而非目的 ...011
5. 在便笺上记备忘内容省时又省力 ...012
6. 区分使用大小记事本 ...017
7. 随时准备记录,增加记备忘的次数 ...019
8. 记备忘可以让记忆更牢固 ...022
9. 一想到就马上动手写下来 ...024
10. 学习丰田生产方式,消除"7种浪费" ...026

第一章

成为时间的支配者
——分割与集中是关键

1. 时间的使用方法——先如实地写下来 ...032
2. 通过写下来将无用之事"可视化" ...034
3. 能干的人不会把日程表填满 ...036
4. 分清目标与目的 ...038
5. 把1年分成4份来制作"倒计时表" ...041
6. 每月在日历上写下一个目标 ...045
7. 将一周分成3部分来安排 ...049
8. 每月设置1天自由时间 ...051
9. 睡前编写待办事项（to do list）的诀窍 ...054
10. 日程表从私人安排开始记 ...057
11. 创建空白日程 ...059
12. 能制造偶然性的日程安排 ...061
13. 周日的"个人备忘" ...063
14. 将社交网络用于"公开备忘录" ...066
15. 用定时器强化"时限意识" ...069
16. 你每年有没有浪费掉700个小时？ ...071
17. "80%程序化"的5个好处 ...073
18. 充沛的时间源自"'还有……'式思维" ...076

第二章
能快速成就"想做的事"的人际交往方式——仍以"写下来之后舍弃掉"为原则

1. 让人倍感压力的人际关系——先如实地写下来 ...082
2. 清理你身边的"恶魔" ...084
3. 思考为"重要人物"做些什么 ...086
4. "重要人物"随生活场景不同而变化 ...088
5. 征服对方的4个秘诀 ...089
6. 社交网络中人际关系的废弃与建立 ...092
7. 改善职场人际关系从"吸盘鱼"法开始 ...096
8. 为什么与对方难相处？——写下来再行动的效果 ...099
9. 在名片上写备忘内容，避免白白浪费大好资源 ...102
10. 每周清理一次无用的名片 ...104
11. 一年一次重新评估人际关系的绝好机会 ...107
12. 关于"清理人际关系"的3个角度 ...110
13. "点头之交"越多，人生的损失越大 ...112
14. 多余的人际关系带来的麻烦 ...113
15. 让"麻烦的人"渐渐消失 ...115
16. 机会和财富都是由人带来的，但是…… ...117

第三章

秉持"资本家思维"
让你获得财富自由
——实现梦想的本金

1. 金钱使用之道——先如实写下来 ...122
2. 用"去除无用开销的备忘录"来检验 ...124
3. 从金钱中获得自由的方法——资产 ...128
4. "调研备忘录"和"灵感备忘录" ...130
5. "自我投资"能带来无限的投资回报 ...135
6. 把书读成"学习笔记" ...137
7. 做减法也是一种自我投资 ...139
8. 人也是一种重要的资产 ...141
9. 借助备忘录来孕育财富 ...143
10. "令人耳目一新的备忘录"记录技巧 ...146
11. 拥有自己的"商品"便可获得3种自由 ...148

第四章

**不被物品束缚的人生
——只保留与人生目标
或幸福有关的物品**

1. 先将重要的东西如实地写下来　　...154
2. 检查清单内容，弄清什么东西该舍弃掉　...156
3. 如何在选择物品时不受制于物欲　　...158
4. 注意！物品也会散发负能量　　...160
5. "更新换代"的选项　　...161
6. 物品的养护要达到使之焕然一新的程度　...164
7. 有形的物质不如舒适的环境　　...167
8. 马上扔掉商品广告和购物小票　　...170
9. 有用的文件也只保留1个月　　...172
10. 不能出现在办公桌周边的物品　　...174
11. 让办公桌变成驾驶舱　　...176
12. 最后拥有的只有自己的身心　　...179
13. 在生命的最后，你最珍视的是什么？　...182

超精简备忘术

序 章

用"备忘术"
找出人生的无用之事

"① 写下来→② 舍弃掉→③ 集中于"

1

追求效率，不如注重效果

正在看这本书的你，也许是一位有很多"想去做的事"，并充满好奇心，满腔热情的朋友。不管是在工作中还是在个人生活中，只要是感兴趣的事，你都想要去尝试。并且你会希望尽可能快地将这件事一鼓作气地完成。

但是，由于时间有限，往往难以如愿……应该有很多朋友都是这样的。

过去，我也曾是这样的，相信只要从睡眠或人际交往的时间中挤出一些来，用于高效地去尝试新的挑战，"就能一次把所有想做的事全都做一遍"。结果是，每一样都半途而废了。不仅没有得到与花费的时间和精力相称的结果，而且弄得自己身心俱疲，甚至到最后不得不暂时放弃工作去休养。

这时，我才终于意识到这样做是不行的。之所以抱有这种希望一次把所有事都做完的想法，是因为没有做到自我分析。

首先，要把占用自己时间的事情，也就是那些"束缚自己的东西"写下来，放弃其中没有必要做的事情。

然后，"只要把精力集中于剩下的事情并努力去做就可以了"。

如果能一边做这样的自我分析一边实践，就不会因为给自己安排了超出能力的日程而让自己叫苦连连，反而可以使自己从压力过大而导致身心俱疲的"负面状态"中解脱出来。

我们应该考虑的是效果，而不是"一口气做完"的效率。

与其追求效率，不如注重效果。这看似是一条弯路，而其实从最终结果来看，它能避免时间、精力、金钱以及物质上的浪费，是可以在短期内做出最大成效的关键。

让我们放弃"什么事都想去试一试"的想法，不断去舍弃掉那些做不做两可的事。而做到这点的关键，就是"写下来"这个步骤，也就是"备忘术"。

搞清楚是什么东西在束缚着自己。

2

备忘录是"整理自我"的行动指南

"写下来"并不只是简单的记录。而是要从这些信息中找出某种意义,发现某些能够指导行动的准则。

① 将现在困扰着你的烦恼按照想到的先后顺序写出 5 个
这是为了把你自己就能做到的事与需要他人帮助的事区分开。

② 舍弃掉做不做两可的事
根据紧急程度与重要程度确定哪些是无须现在立刻去做的事,果断将其舍弃掉。

③ 将精力集中于剩下的事情上
这些才是你必须要做的事。

在这里,我们就需要用到"①写下来→②舍弃掉→③集中于"这三个步骤。

如果能按照这三个步骤去做,就可以搞清楚是什么一直在困扰着你,并找出不是非做不可的事,比如一些你在无意间一直在做却毫无意义的事,或是并非出于你的本意但碍于惯例或别人的看法而一直在做的事。

通过重新梳理自己在这些事情上耗费的时间和精力,就可以腾出更多"自由时间",让自己拥有更多的余力去做那些真正该做和真正想做的事。

反过来讲,所谓备忘术,就是让所有不想做的事都停下来的第一步。

"停下所有不想做的事,这绝对做不到!"

"这难道不是逃避现实吗?"

有些朋友可能会有这种想法。

但是,我使用这种三步法"放弃所有不想做的事"已有30年了,不仅并没有妨碍到我的事业,而且在人际关系上也从没有使我感到过不愉快。

当然,也从未被人指责"不负责任"。

使用这种方法后,不仅我的自由时间增加了,而且还有很多人帮助我去做我想做的事，周遭环境不断改善，好的事情接二连三地发生。

"① 写下来→② 舍弃掉→③ 集中于"这三步法是一个能使梦想成真的行动指南。

那么，怎么写备忘录才能更快地实现梦想呢？
具体方法我将在后面的章节中为大家详细介绍。

① 写下来→② 舍弃掉→③ 集中于。

把写下来的事情分成四类

下面我来说一说"①写下来→②舍弃掉→③集中于"这三步法的具体做法。

过程非常简单。首先，将现在困扰着你的东西按照它们在你脑海中浮现出来的先后顺序写出5个（我们会从第一章开始分别以"时间、人际关系、金钱、物品"为主题进行具体方法的介绍,而在这里先初步将"你当前的困扰"写出即可)。

在这些事情之中,如果有显然不是非做不可的事,或可以拜托他人去做的事,那么就在这一步中删去。

然后将剩下的事情按紧急程度和重要程度分成4类:

① 紧急且重要的事——无论如何都要去做。
② 重要但不紧急的事——没必要立刻去做,但投资回报高。
③ 紧急但不重要的事——意识到还有更重要且必须去做的事。
④ 既不紧急也不重要的事——不要做。

在这里,我以自己的"当前困扰清单"为例,给大家介绍一下具体如何进行分类。

① 紧急且重要的事——撰写本书,认真思考能介绍给广大读者的一些好方法。
② 重要但不紧急的事——拍摄个人照片,整理下一本书的内容。
③ 紧急但不重要的事——准备朋友的生日礼物,预约定期商务午餐。
④ 既不紧急也不重要的事——经常举办但却没什么实际意义的聚会、业主委员会成员的见面会(其实只是喝酒聚会)。

首先果断放弃④。做那些事情可能只会白白浪费时间、精力和金钱。然后冷静地判断②和③紧急程度和重要程度，选择适当的时机去做，如果有必要就请别人来帮忙。美国著名的管理思想家史蒂芬·柯维在他的《高效能人士的七个习惯》一书中也强调了②的重要性。

在设置优先顺序的时候，如果不能将紧急程度与重要程度相结合来考量并分类的话，就会被那些无须立刻去做的事情所拖累。其中的诀窍就是，不要纠结，立刻做出判断，并果断放弃。

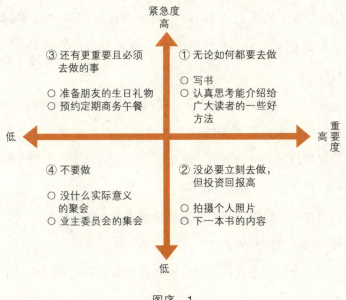

图序 -1

最后留在清单上的就只有紧急且重要的事情。

那些剩下的就是你现在确实有必要去做的事,所以集中精力努力去做。你也可以像我一样说出声来鼓励自己。我会对自己说:"我要写一本书。"然后再问问自己:"什么时候写完?"于是给自己约定一个时间:"2019年7月19日之前没问题吧?由妃说到做到!"这样就下定了决心。

我会想象已经出版的书被摆在书店里;想象读者朋友们给予各种满意的反馈——"我得到了更多的自由时间""人际关系上的压力消失了";想象自己被问及"你平时用什么样的记事本?"或"能给我们看看你的备忘录吗?"时的样子。

这时,"去实现想做的事"的过程中开始出现阻碍。

打电话来只为闲聊的朋友、被硬拉去参加没意思的学习会、定期打来的推销电话、陌生人在社交网站上的留言、难用的鼠标、干涩不适的眼睛……

当这些阻碍出现时,如果你能够果断拒绝或将其改善,那么便可以"实现想做的事"。

以上介绍的是我自己的一些经验,我想你的周围也一定充斥着这种"实现梦想途中的阻碍"。**这之中让人最防不胜防**

的，就是你自己"无意中、下意识、依惯例"制造出来的阻碍。

立即与那些阻碍划清界限。

写下来只是手段，而非目的

通过"写下来（备忘术）"这一步，可以使人从工作压力、人际关系焦虑，或一些个人烦恼中解脱出来，让自己的思想和行动都更加自由。同时，它还能帮我们厘清思路，提升头脑的创造力，是为行动打牢坚实基础必不可少的一个方法。它不同于那种看见或听到什么就随意记下来的做法。

写备忘录不是一件需要刻意努力去做的事。
如果是不情不愿地勉强去记备忘录，就达不到预期的效果。

如果你对自己没把握，可以用一些方法来让自己爱上写备忘录。

比如，可以从选择一支让你爱不释手的笔或笔记本开始。

这样，就能让"记备忘录"这件事渐渐变得轻松起来。

意识到"自己正在做一些无聊的事"，明白继续做下去就会有很大的损失，然后开始真正的清理。

找法子让自己"乐于记备忘录"。

在便笺上记备忘内容省时又省力

关于如何让自己变得更愿意记备忘录，我有一个小经验。

我从小就喜欢写东西，大约从小学五年级的时候就开始在写各种各样的文章了。从日记、学习笔记、读后感、作文，到书信、诗、短歌（短歌是一种日本传统定型诗）、小说，甚至是名言名句之类，我全都喜欢尝试。

序章　用「备忘术」找出人生的无用之事

现在回过头来想想，我喜欢记备忘录的缘由大概就是这个了吧。

不管当时的目的是什么，不管是图画纸、学校发的笔记本，还是银行为顾客提供的记事簿，甚至是广告宣传页的背面，只要有空白地方可以写字，我就在上面随意地写。不拘泥于形式，只是摆好架势去写，也能写出一些令人惊叹的词句。我多希望自己现在也还能拥有那样的想象力啊！

那之后，我也会经常草草地在本子上记一些东西或写个备忘内容，但直到33岁接替患病的丈夫管理公司时，才开始使用笔记本。

我从短期大学毕业后没有固定工作，一直是打零工。对当时的我来说，突然间用上笔记本还是有点儿不适应的。

后来因为成了公司经营者，就去买了那种能写很多内容并且更贵的、貌似更适合我身份的个人备忘记事本。但由于没有商务经验，都不知道该如何填写，只好先把自己生活上的日程安排写进月度日程表里。

之后每次和客户约见，就把时间、对方的姓名、会见的目的写进去，可即便是这样，看着记事本中大片大片的空白还是让我忍不住叹气。

不可思议的是，只要看到有空白，我就会去把它写满。

我想，必须要用日程安排和各种心得体会把本子填满。

超精简备忘术：为忙碌低效的人生做减法

9月30日新书销售突破3万册，感激！

> 要做的事也记在便笺上

一	二	三	四	五	六	日
						1 到演讲公司中介做推介，自带简历
2 *在这个工作繁忙的秋天要更加积极努力！！*	3 PM7:00 沼津研讨会 小B随行 带100本新书	4 发送电子杂志 宣传新书出版	5 发送电子杂志 赠书并推介	6 东京 PM7:00脱口秀 ☆观众达70人以上	7 名古屋 PM7:00演讲会 经A女士介绍 带100本新书	8
9 东京 B广播电台 F电视台 与节目负责人会面	10 向各大书评博主推介	11 全国歌唱比赛 发布电子杂志	12 东京 和xx出版社宣传部门的小T一起巡视书店	13 大阪 PM6:30演讲会 准备100份摘要	14 轻断食 发送电子杂志	15 褒奖日

序章 用「备忘术」找出人生的无用之事

16	17	18	19	20	21	22
东京 AM 1:00 与公司开会	一早起来就去跟那位难搞的J先生开会 这次绝对不能再搞砸了！	东京 PM12:00社员培训项目 与xx公司开会	东京 PM3:00为书评做采访	PM6:00 和朋友聚餐 银座H店	福冈 PM7:00演讲会 2010.11 再次预定	歌咏比赛
23	24	25	26	27	28	29
再次向书评博主推介	发送电子杂志	PM1:00 到丁公司做人事咨询 PM7:00 与小s聚餐	发送电子杂志哦 PM3:00	机动日 〔如果在计划的一周前出现变更就取消〕	感谢信	歌咏比赛
30						
售出三万本！ 发送感谢电邮						

〔日程安排发生变化时用便笺随机应变〕

图序-2 日程表用上便笺一目了然

于是，我就把一些与自己的约定也全写了进去——"月底之前一定要达到××的目标""在××资格考试中一次通过""在××月××日之前一定要把让人头疼的经营管理知识弄懂"，等等。

我越写越多，本子的空白就越来越少，最后不得不添加新的活页纸张进去。个人备忘记事本变得越来越厚，甚至都有些变形了。这时我才意识到一个问题——备忘记事本需要定期回顾检查并清理用过的纸页。

可我又不想为此去多花时间和精力。

当然，随意往本子里添加或取掉活页纸肯定也是不行的。

所以，最后我选中了一种长条形（75mm×25mm）的便笺纸。

本子里写不下的内容可以写到便笺纸上再贴到需要记录的那一页上。便笺纸小巧轻薄，用过之后也易于清除。如果事项内容产生变化，重新再贴一张就可以了。于是，我开始使用各种尺寸、颜色、形状、设计样式的便笺纸。

便笺纸不仅可以记录自己的计划或日程，也可以用来与他人交流。

例如小礼物上的附言。

还有给加班同事的一句留言："辛苦啦！"

笔记本上写不下的内容用便笺纸。

序章 用「备忘术」找出人生的无用之事

6

区分使用大小记事本

从事写作工作以后,我每天要书写的内容变多了,于是就从"个人记事本+便笺"的组合变成了"手机+笔记本/记事本+便笺"。

以前,我在"随身携带记事本"这件事上没什么讲究。7年前,我曾一度放弃使用个人记事本转而用谷歌日历来管理日程。

可是我发现,在笔记用具上,我还是更喜欢传统的东西。要是手机没电了,就没法读取和记录内容。但若是使用传统的笔记用具,在任何时候都可以随意取用。所以我现在喜欢随身携带一个"黄金笔记本"。这是日本文具品牌"Delfonics"出品的一种有着金灿灿封面的"活页笔记本"。

开会或进行讨论时可以仔细地做记录,在这种情况下,我会用 A4 纸大小的大号笔记本。

在乘坐新干线或乘火车车途中需要记备忘录的时候，我会用比大号笔记本小一圈的中号笔记本。

而如果是在公交车上或其他人群往来的环境中，只能草草地记上一笔，这时候我就用小号笔记本。

我就是这样来区分使用各种不同大小尺寸的笔记本。

此外，我还会随身携带索引便利贴（50mm×15mm）或留言便笺（75mm×60mm）。可能有很多人喜欢个人备忘记事本中有可以分类记录的功能，可正是因为有太多分类，导致每一类中只有很少的页数。如果你觉得那样太受限制，感到不舒服，我推荐你试一试笔记本＋便笺的组合方法。

近来，那种项目细分的记事本非常流行，但是我不感兴趣。只能在设定好的框框里填写，这会让我有一种被迫做记录的感觉，反而不愿意下笔写了。

因为有想记录的事情才会去写，而想写的内容也希望能够按自己的方式自由记录。

有一种能让你更乐于记录的工具——记事本，它是记录备忘录的精髓所在。

用自己喜好的工具自由地去记录。

序章 用「备忘术」找出人生的无用之事

7

随时准备记录，增加记备忘的次数

关于如何通过记备忘录来实现理想的生活状态，我将在后面几章中向大家详细介绍。而在这里，我想再多说一说备忘录的作用和记备忘录的诀窍。

记备忘录时最关键的一步就是"先写下来"。这时，有两点需要注意。

① 随时为记录做好准备

比如，带好喜欢的本子、便笺、好用又顺手的笔，或是把备忘录类的手机应用程序或录音笔等调节到随时可用的状态。还有前面我们说过的，去寻找能让自己更乐于记录的方法。

我会在办公桌上放一本校园笔记本；在电视机前准备一叠

便笺纸；冰箱旁边放一个小号的白板；床头柜上放一个日程手册；洗手间里有一本记事簿；外出时带一本 B5 尺寸大小的笔记本。至于笔，我一直以来手边常备 0.5 毫米笔芯的黑色凝胶墨水圆珠笔和黑色油性细签字笔。做好这些准备，我就能随时随地做记录了。

如果你在生活环境的每个角落都创造一个"可以记备忘录的地方"，那么你就能做到"灵感一出现就写下来""只要意识到就写下来""一想到就写下来""怕忘记就写下来"……总之你会成为一个会记备忘录的人。

② 写下来，别犹豫

备忘录并非是给别人看的东西。它是梳理自己想法时做的笔记，是列出所有想做的事时写的清单，或是为了区分该做的事和不必做的事而写的草稿。总之就是把闪过脑海的东西都写下来，比如，信息或心得、分析或检验、反省、愿望、目标、梦想等。不需要什么技巧，也无须多想，只管把它写下来。这才叫备忘录。

虽说针对不同记录备忘录的用具也有各自相应的记录方式，但实际上，写备忘录并没有什么固定的规则。

也许你在备忘录里写下的关键词或信息在当时只是几

个单独的词而已，并没有太多的意义，但若持续记录下去，那些信息不断积累，便会渐渐组合出一个全新的商业构想。

所以并不是"备忘＋备忘＝2个备忘"，而是"备忘×备忘＝∞（无穷大）"。

这种方式会产生一些超乎想象的效果。

也有人仅仅是增加了记备忘录的次数就使自己的生活方式发生了改变。

我有一个性格非常内向、不善于跟人聊天的朋友。要是别人主动跟她说话，她是可以应答的，但她却不知道该如何主动去跟别人搭话。于是，她开始从周围的人或书本上收集可以作为"开场白"的句子，并写在备忘录上。她一直在坚持这样做，渐渐地，她积累的话题越来越多，在职场上的对话场合中也更有自信了。而且她明显变得更加积极开朗起来，成了一个会积极主动发言的人。

不是"备忘＋备忘＝2个备忘"，
而是"备忘×备忘＝∞（无穷大）"。

记备忘可以让记忆更牢固

"说十遍不如写一遍"。

大家小时候是不是都听家长这么说过？

有些人很擅长说话但却不擅长记录。如果你也有这种倾向，我希望你看到这里的时候能够结合自身想一想。

比如白天你去拜访客户时，提出了哪些建议，又收到了哪些反馈？

有没有什么问题是当前必须要去解决的？如果有的话，需要在多长时间以内解决？即使沟通的时候双方讨论得非常热烈，但是当时没有做记录，单凭记忆力是非常容易出错的。

要想强化记忆，可以动手写下来，也就是用记录的方式在大脑中留下印记。

就算你有超强的记忆力,在面对"不想记住的事物"或"没兴趣的事物"时,你的大脑也会自动选择将它们忘记。结果你还是记不住。

所以,不管怎样先动手记备忘录,然后再看,回过头来再确认。如果又忘了,那就再动手记,直到让记忆更牢固。

记忆就是在这样的重复动作中被固定下来的。在遗忘这件事情上,大家都是一样的。但是,如果你养成了记备忘录的习惯,就能将遗忘控制在最小的限度内。

从事动手工作的人,头脑通常是不会糊涂的。同理,我相信经常动手记备忘录的人也一定具有超越年龄的感受力和行动力。

记备忘录,如果忘了就再记一遍。

9

一想到就马上动手写下来

不管是在洗手间、拥挤的电车上,还是在每天的晨跑中,我一直保持"一有想法就记下来"的习惯。

我认为,在职场之外的环境中突然浮现的想法大多是非常有意义的。因为好主意往往不会在你坐在那里冥思苦想的时候出现,反而会在你正做着其他事情的时候突然冒出来。在宽敞的办公室里只能挤出一些千篇一律的点子,而当你坐在马桶上时,却往往能突然获得灵感,生出让人耳目一新的想法来。就好像我们的大脑偏要故意跟我们作对,你越打它的屁股,它越是叫着:"免谈!免谈!"就是不把好主意拿出来。

这时该怎么办?记备忘录。

我们不是坐在那儿等着灵感闪现,而是要以一个游戏的心态去写备忘录。比如画个图，简单地写两笔，或是做个记号，甚至贴上一张能够启发灵感的照片或资料。

在你这么做的过程中，某个关键词或想法就会突然浮现出来。所以，不管怎样，想到什么就先动手记下来吧。

当语言与图形之类的书面资料结合到一起，就会形成一种强烈的视觉刺激。

"我好像有了一个特别棒的主意。""这个想法很新颖。真是好极了！"在你惊讶的瞬间，它们就已经出现了。

所以灵感不是等来的，而是需要准备好材料，用游戏的心态一边记录一边去启发和培养的。

我对此非常确信，因为我曾有过很多次利用这种方式最终将灵感转化为人气商品或畅销书的经验。

当一个好的想法冒出来的时候，马上动手把它写下来。然后再把写下来的东西出声地念出来，以确认它是否合适。这就是关键。

视觉效果也很重要。

10

学习丰田生产方式，消除"7 种浪费"

大家知道大野耐一先生吗？

他是丰田汽车公司的前副社长，同时也是"丰田生产方式"的缔造者。对此，不从事制造行业的朋友可能还不太熟悉，不过他在那本著名的《丰田生产方式》（日本钻石出版社）一书中总结出的各种高效生产理念可以说适用于各行各业。这些理念如果用一句话来概括的话，那就是"Just in time（准时化）"。也就是说，如果能只在需要的时候，按需要的量，生产所需的产品，就可以避免生产现场的"不均、蛮干、浪费"，从而提高生产效率。

书中还提到，要想提高收益率，就必须彻底消除"7 种浪费"，即①生产过剩的浪费，②等待的浪费，③搬运的浪费，

④过度加工的浪费，⑤过度库存的浪费，⑥多余动作的浪费，⑦不良品的浪费。

在这7种浪费之中，"生产过剩的浪费"作为最大的问题位列第一，因为它自身就潜藏了其他6种浪费。

实际上，大野先生提出的这"7种浪费"的理念，也能够非常有效地帮我们找出那些阻碍我们"去做所有想做的事"的浪费。以下就是臼井式解读：

① **生产过剩的浪费**→去做一些没被要求做的事或不必做的事。

② **等待的浪费**→等待制定工作安排时造成的时间浪费。

③ **搬运的浪费**→不考虑工作进度的行动。

④ **过度加工的浪费**→在不必要的事情上花费时间和精力。

⑤ **过度库存的浪费**→为不需要的物品或人保存资料等。

⑥ **多余动作的浪费**→不产生附加价值的动作。

⑦ **不良品的浪费**→需要返工的工作。

在这本书中，我跟大野先生一样，认为"生产过剩的浪费"是万恶之源，是阻碍我们"去做所有想做的事"的绊脚石。

· 可以拜托他人去做的事情，马上放手。

- 那种明明别人能完成得更快更好的工作,就不要因为自己那点儿微妙的自尊心而把持着不放,立刻放手。
- 不参加也不会有任何问题的会议,不再参加。
- 只因在意旁人看法而维持交往的人,就无须再见。
- 重新审视那些貌似理所当然的"日常事务"。

如果能做到上面这些,你也许就不会再抱怨自己"太忙了""没时间"。因为你有了更多的自由时间,可以从以前的紧张和忙碌中解脱出来,把时间和精力都集中在那些只有你才能够完成的工作中,以收获更丰硕的成果。

说到底,能够持续地"在需要的时间,适时地去做该做的事",才是让你过上真正想要的人生的关键。若以此为目标去努力,那么不管是在时间、精力、人际关系,还是在物质上,就会大大减少浪费。

仅仅是"放弃那些做不做两可的事"就能够消除浪费。

超精简备忘术

第一章
成为时间的支配者
—— 分割与集中是关键

Q1：请按顺序写出5个占用你时间最多的事。

①

②

③

④

⑤

第一章 成为时间的支配者

你的"日程表"已经被计划填满了吗?

估计很多朋友的回答都是肯定的。

日程表"被计划填满",证明你被需要、被信赖、被众人关注,并且你的个人生活也非常充实。

但另一方面,这也说明你的时间有可能被耗费在一些无意义的事情上,而让你一直处于竭尽全力的状态中。

也许你是一个不懂拒绝的人,即使自己已经忙得无以复加了,却仍然无法拒绝别人的请求。把时间这个只属于你自己的"财产"白白耗费在不相干的人或毫无意义的事情上,真的没关系吗?

使用时间时,如果不考虑效果,就是对时间的浪费。如果像这样什么都要塞进日程表里去,就会导致失误和麻烦,反而没有一点儿效果。

"日程表被计划填满"表面上好像是我们在充分利用时间,但实际上却是在滥用时间。

成就一个能"去做所有想做的事"的人生,关键就在于你能否充分利用时间。而充分利用时间的第一步就是，删除没有实际意义的计划。在日程表中留出空白则是接下来的第二步。是不是觉得"留白"让人不安，而且也不太现实？可是，让我们来想一想。如果日程表中有留白，是不是就可以去做更多想做的事了呢？时间富人们都非常重视日程表中的留白。

本章，我将向大家介绍如何利用"三步法"有效地活用时间这个无形财产，进而得到一个更充实的人生。

时间的使用方法——先如实地写下来

首先我来提一个问题。请按顺序写出 5 件占用你时间最多的事情。

不要犹豫，把立刻出现在你脑子里的东西直接按顺序写下来。

如果问我，在 2019 年 7 月 10 日的当天，我的回答是：

① 写作——写书稿或投稿，或在社交网站上发布文章等。

② 睡眠——习惯早睡早起（一天 7 小时睡眠时间）。

③ 健身或保健——慢跑或健走、洗牙、做头部按摩、针灸或全身美容等。

④ 读书或与一些达人交流——看书不仅有助于工作，更能拓宽自己的视野。有意识地去结识各领域的达人则可以提高自己所获信息的质量。

⑤ 爱好——我唯一的爱好就是唱歌。我会去上私教课程，参加歌唱比赛，以及学习作词。

这些就是我想到的，并且如实地写了下来。

通过写出来的内容就能看出，我为了将"写作"这项自己"想做的事"作为一生的主要事业一直持续下去，就需要在健康上多花心思；为了最终出版成书而着力于读书学习及人际交往。即使是在唱歌这个爱好上，也能够有所斩获。比如，在与唱歌相关的人脉中出现约稿人或从歌词中得到文字表达上的灵感等。

我觉得，我现在拥有一张完美的"实现愿望清单的时间表"。你的"时间表"是什么样的呢？

"时间超乎想象地被有违本意的事情所占用"——这样的朋友不在少数。实际上，我过去也是这样的。

那么，我又是如何把"时间表"调整到如今这种理想状态的呢？请接着往下看。

从"时间表"看出真实的自己。

通过写下来将无用之事"可视化"

别看我现在拥有一张完美的"实现愿望清单的时间表"，但为了得到这张时间表，我花了整整 7 年的时间。

以前的我好奇心旺盛，凡事要"先试试看"，误认为所有想做的事可以同时进行。

那时，我从没思考过做事的优先顺序，对任何事都倾注同样多的精力和时间。

而且，很多怎么也切不断的人际关系耗费了我大量的时间。

我之前总是有数不清的事想去做，但最终很多都半途而废。此外，终日忙于那些完全没必要的人际关系，让自己在精神上也疲惫不堪。

这样的状态日复一日，有时我好像都能听到自己的灵魂在尖叫——

这可不是开玩笑！我的时间是属于我自己的！

于是，我想要弄清楚自己到底是如何使用时间的。为了找出是哪些事情占用了我的时间，我想出了这种方法——按顺序写下来。

在那之前，我根本不知道自己真正想做的事是什么，而是到处去问别人："你觉得最适合我的工作是什么呢？"

在自己写下来的这 3 分钟里，我意识到一件事情。虽然想做的事有太多太多，但这些事情——写作、与朋友聊天、读书、朗诵、准备演讲会、演讲彩排等，全都可以用一个关键词来概括，那就是"表达"。于是，凡是无益于"表达"的条目，我就打上叉，然后将它们一个一个地放弃。我决心不再在那些事情上浪费时间了。

这样做下来，剩下的就只有"写作"了。于是，我决心在剩下的人生里以"写作"为事业。这已经是 7 年前的事了。而为了实现这个人生梦想，我也建立了一套相应的时间使用方法。

前面我介绍过的"①写下来→②舍弃掉→③集中于"实际上是一个行动指南,旨在通过给自己写下备忘录的方式,找出无用的事,然后发现真正重要的事并付诸努力。

你给出的回答没有对与错之分。
也无须在意面子或世人的看法。

相信自己,为了实现梦想,只管一路向前。

你的梦想的关键词是什么?

能干的人不会把日程表填满

日程表里的预定日程已经排到一年以后了。想加入新的计划或约会却找不到空白的时间段,真是难办。一张没有留白的日程表,它的主人极有可能会成为时间的奴隶。

我认为,虽说日程安排都是自己写进去的,但即使你知道

> 第一章 成为时间的支配者

自己什么时候要去哪里该去见谁，可是从填得满满的日程表中却很难看出这样做的目的。而且，不管是在工作上，还是在生活上，常常都是计划赶不上变化。就算是依据丰富的经验，可以制定出一个近乎完美的日程表，但在实际生活中，也很少能完全按计划行事。总会有"计划外"的事情出现。

这种"计划外"的情况有可能是突发情况或出现失误等不好的事，也有可能是一场邂逅或偶然出现工作机遇这种好事。

因此，要事先把"计划外"也计划进去。

如果日程中没有预留"机动时间"，就无法应对突发情况。

所以我建议要在日程表中留出一半的空白。这样做不仅是为计划外的情况做准备，而且，考虑到日程表的作用，这也是那些会工作的人下意识的做法。

因为日程表不仅仅是一个管理日程的工具。如果能有意识地将"目标、目的、计划、实行、回顾、改善"这些内容写入日程表中，便可避免在繁杂的事务中迷失自己真正的目的，从而高效地推进工作，并获得丰硕的成果。

为此，不要将日程表填得太满，要用剩下的一半留白来梳理自己的想法和行动。同时也要用同样的态度去对待时间。

如此,你就不会再有"太忙了""没时间"这样的惯用借口了。

最后,我还要提醒一句。有很多朋友做事非常认真严谨、一丝不苟,如果不把日程表写得整整齐齐干干净净,就会觉得不舒服。如果事情没能按计划进行,则会压力倍增,以至于给之后的行动带来消极影响。

所以,不能把"写得整整齐齐"当作目的。

日程表只填一半就可以了。

分清目标与目的

别看我现在常常就时间管理、目标管理的内容写文章或发表演讲,但其实在 33 岁当上企业管理者之前,我甚至从没思考过"目标"这个东西。更确切地说,我曾是一个分不清"目标"与"目的"的人。

"目的",顾名思义,是眼睛能看得到的"的"(箭靶),也就是最终希望达到的境地。而"目标"则是在这个过程中经过的一些"标"(地标)。

比如,希望自己的公司成为一个能为顾客提供优质商品或服务并因此获得好评,且具有一定社会价值的公司。这就是"目的"。而"本年度实现3亿日元的销售额"作为阶段性的标准,就可以被当作一个"目标"。

但是,当时的我沉迷于"赚3亿日元""去挣钱"这些短期诱人的愿望,把本该作为"目标"的东西当成了"目的"。

于是,我产生出一些荒唐的想法——"只要销售额没有提高,就是员工没有努力""感受不到我们产品的魅力就是顾客有问题",也不去检讨销售不佳的真正原因,只顾着一个接一个地开发新产品,最后使自己在资金上陷入了困境。跟着这样的老板工作,员工自然也提不起士气,全都是一副无精打采的样子。

然后,经历了一年的销售低迷期,我在焦虑中开始重新思考"顾客至上"的含义。

自己该如何赢得顾客?我把自己对于"顾客"的认识如实地写了下来。

所谓顾客,到底是什么?

最好的顾客,是购买我们大量产品的人。

讨厌的顾客,是毫无顾忌地提出无理要求的人、介绍多少次都搞不懂产品用法的麻烦的人、误以为自己是最特别的人。

有的人硬说自己是优质顾客。有没有搞错?

只咨询却不购买的人不能称其为顾客……

当时已经有"顾客就是上帝"这种说法了,但在写的过程中我意识到,我从没把顾客看作"上帝",而是只关注了"销售额"。

如果能达成"3亿日元的销售额",净利润就会增加。员工待遇丰厚就能招到更优秀的人才,从而获得业界的瞩目并得到更多新客户。然后过不了多久就能拥有属于自己公司的大楼了……虽说这些也并非不能称之为志向,但由于我把目标混同于目的,它们也只是些凌乱的"欲望的集合体"罢了。

搞清楚自己描绘的梦想到底是"目标"还是"目的"。

即使找到了一个目标仍要不断努力向前,而不要把注意力全都集中在那上面让它变成了最终目的。

不要试图同时达成多个目标。需要对自己的目标进行梳理。

将凌乱的目标写下来再进行整理。

把 1 年分成 4 份来制作"倒计时表"

善用时间的人会给自己明确规定一个达成目标、实现梦想的期限。

相反,"要是以后能做到就好了"或"过几天就开始",如果是这样的态度,那就证明其实你心里明白自己的能力是达不到的。

并不是非要等到时间、金钱、知识等各项条件全都具备了以后才开始行动,而是要"一边吸取经验教训,一边努力付出"。可以说,就是在这种不断对进展状况进行调整的过程中,转眼之间目标就达成了。

这里说的"转眼之间"大概是 1 年。

不管是考取国家级职业资格，提升销售额，还是提高自己的技术或技能，这些目标我基本上都预留了 1 年的期限。然后利用一张"1 年倒计时表"来做一个整体规划。当然，时间也可以是半年、3 个月或 1 个月。下面我来按顺序介绍一下具体做法。

制作"1 年倒计时表"需要一张 A4 大小的纸。首先，在这张纸的最上面写出目标达成或梦想实现的日期，之后再以完成时态的语气加上一句："我完成了目标。辛苦啦！谢谢！"——这也是关键所在。

然后依倒序把 1 年划分为 4 个部分——9 个月前、6 个月前、3 个月前，并从"3 个月前"开始依次将每个时期内必须完成的事情填入相应的部分。

比如，我要设定一个"销售额同比增长 50%"的目标，那么就在 3 个月前的位置提前将理由写上去——"目标完成！车站店的销售额作为燃爆点"。

在规定的期限内完成目标是理所当然的。如果提前 3 个月就达成了目标，那么在剩下的时间里，将会实现多大的销售增长呢？

因此，有意识地提前 3 个月是掌控时间的诀窍。

第一章 成为时间的支配者

"什么？提前3个月完成目标？这怎么可能？"大部分人都会这么想吧？

以职业资格考试为例来说明，大家可能会比较容易理解。在这类难度很大的资格考试中一次通过的人，大部分都能在考试的3个月前掌握基本知识点，然后在剩下的3个月里，为了能最大限度地提高分数，再集中精力去攻克难点或去做大量模拟练习。也就是说在3个月之前就达到了及格线，而考试当天则是"无条件通过"的状态。考试如此，那么以圆满完成工作任务、提升某项技能，或发展某种兴趣爱好为目标时，这个方法也同样适用。

在我下决心要一次考取行政书士资格的时候，首先我去了解了"达到及格标准所需的复习时间"，然后根据这个"1年倒计时表"从考试的那天开始倒数，给自己制订了一个学习计划。

后来，销售目标、书籍出版、演讲活动这些自不必说，就连唱歌爱好的精进，甚至是自家的大扫除计划，我都用上了这个"1年倒计时表"。

写进"1年倒计时表"里的就是与自己的约定。如果爽约或轻易放弃，那就等于欺骗了自己。

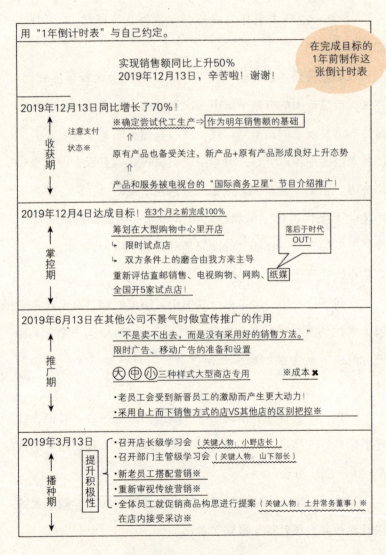

图1-1 1年倒计时表

6

每月在日历上写下一个目标

有些目标只要一周或一个月的时间就能达成，还有一些目标则需要花上一年甚至更长的时间。如果前者叫"短跑式"目标，那后者就是"马拉松式"目标了。

前文介绍过的"1年倒计时表"是为了"马拉松式"目标而设计的备忘术。而如果是一个月就能出成果的目标，我建议你使用"对开月度日程表"备忘术。

这种情况下，要将所有想做的事都归纳成一个目标。

我们总会有各种各样想去做的事，这当然没问题。但我还是建议在权衡紧急程度与重要程度之后，把目标锁定到一个，然后在对开月度日程表的左上角将它写下来，就像这样——

"9月30日新书销售突破3万册！辛苦啦！谢谢！"

当然，只是把目标写下来还远远不够。接下来要做的，就是从目标完成日开始按倒序分成4周，把完成目标所需要做到的事情分别写进去。

这一步至少要在上一个月的1日（也就是至少在一个月之前）完成，这样才有时间去做必要的安排与准备，或是提前与对方进行沟通。

我会将这些写在台历上，并置于每日目之所及之处经常提醒自己，当意识到有事需要去做时就立刻在上面写下来。在外出工作时，我也将其随身携带，以便随时检验自己的行动是否出现了偏差。

此外，适当地激励自己也很重要。比如，在目标完成日的位置贴上喜爱的小狗贴纸；在超额完成任务的周末用粉色荧光笔给自己画一个奖励小红花。而如果这周没能很好地完成任务，就用蓝色水笔写下一些警醒自己的话来重燃斗志。例如：

"如果只是反省，那连猴子都会。你是人，去分析原因！"
"一时的热情毫无价值，持之以恒才是金。"

如果能充分地活用知识、运用智慧，并适时地借助他人的力量去行动，基本上都是可以达到预期目标的。因为没有人会给自己制定一个荒诞无稽的目标。一个月给自己设定一个目标，只要一个就好。我相信，这样一个被你牢牢记在脑子里的目标，在设定它的时候其实就已经完成了80%。剩下的就只需要再做一些微调并按照自己写下来的内容去做就可以了。

9月	一	二	三	四	五	六	日
	9月30日新书销售突破3万册！辛苦啦！谢谢！（把目标归纳成一条）						1 福冈 PM7:00 读书会 可宣传新书 带100本
在这个秋天完成《备忘术》！ 达成目标前的第一阶段		2	3 PM7:00 沼津研讨会 小B随行 带100本新书	4 发送电子杂志宣传新书出版	5 发送电子杂志赠书并推介	6 东京 PM7:00 脱口秀 ☆观众有70人以上	7 名古屋 PM7:00 演讲会 经A女士介绍 带100本	8❋ 完全放空修养日
第二阶段	9 东京 B广播电台 F电视台 与节目负责人会面	10 向各大书评博主推介	11 全国歌唱比赛发布电子杂志	12 东京和xx出版社宣传部门的小T一起巡视书店	13 大阪 PM6:30 演讲会准备100份摘要	14 轻断食发送电子杂志	15❋ 奖励日

在这个工作繁忙的秋天要更加积极努力！

配合本月目标安排的活动

日程从个人安排开始记

贴一张让自己兴奋起来的贴纸

图1-2 日历备忘术

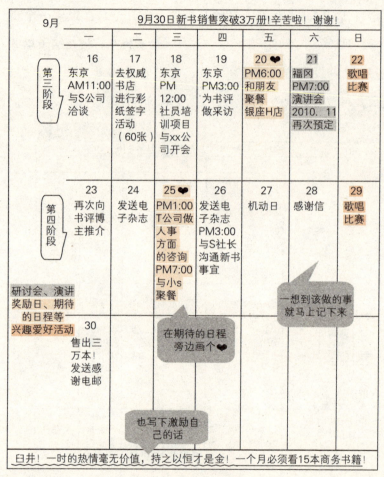

图1-2 日历备忘术（续）

将写下的目标随身携带以便随时检验。

将一周分成 3 部分来安排

一般来说，上班族的一周是从周一到周五工作 5 天，不过我有时也会对此产生怀疑。

一周工作 5 天的模式是否缺少了一些创造性呢？如果能将必须做的工作与不必亲自处理的工作分开，并通过培训下属来增加自己的时间，那么就不用再被时间束缚，而可以主动掌控时间，这样工作起来一定会更加轻松愉快。

由此，我想到可以将一周工作的 5 天时间分成 3 部分来安排。这也是在我上一本《超效率工作术：成为"时间富人"的秘密》一书中介绍过并大受好评的一个方法。下面我再依次介绍一下。

① 一周是从周一开始到周三结束→用周一到周三
这3天时间把一周的工作全部处理完

如果按照一周5天的模式来安排工作计划,那么你就会把必须完成的工作分成5份,其结果就是你始终只能顾及眼前不得不去处理的工作。这样下去,你的每一天都将陷于被时间所困而被迫工作的被动状态中。

因此,我会在周一到周三的时间内把这一周该做的工作全都完成。并且在这期间,会根据紧急程度与重要程度,优先去处理那些迫切需要完成的工作。

② 周四是检查日→回顾周一到周三完成工作的
进展情况与问题点

如果工作未能顺利按计划完成,那么我在周四就去查找原因。如果能够将周一到周三的行动与周四的检查贯彻到底,那么不仅可以防范工作中的失误,还能有效地提高工作效率,使工作提前完成。

③ 周五是冲锋日→为下一周的工作提前做好准备,
制作资料、确认约见等

做好这些准备以后,就能够以"待办事项清晰明了,准备工作充分到位"的状态迎接下一周的开始,并大大提升一周的工作效率。

此外，平时忙于工作而无暇顾及的一些事情也可以放在周五来做。比如给客户亲笔写一封感谢信；制定营销方案或销售策略；规划中长期计划等。

如何利用周五，不仅关系着下一周的工作成效，更重要的是，它对未来漫长的工作生涯也会产生很大的影响。

在日程表上也像这样把一周分成 3 份来记备忘，你会发现自己不再受制于时间，而把时间掌握在了自己的手中。

一周的工作在"周一到周三"内完成！

每月设置 1 天自由时间

周一到周五专注地工作，而周末则充分享受自由时间。

若人们真能做到像这样干脆利落地切换状态，就不会有压力，身心也会在轻松舒畅中保持健康良好的状态。但在实际生活中，总会有一些家庭琐事或无法拒绝的应酬，让人身不由己。

我想可能只有少数人能做到完全由自己来掌控休息日的时间。但即使是这样，也需要"每月设置1天自由时间"。

创造一个不被任何人打扰、只属于自己的一天。

很多白领马上会说："工作都忙不过来呢，怎么可能挤出不必工作的一天？"

可是，这种状态按道理已经亮起黄牌了。如果不赶快重新审视一下自己在使用时间的过程中是否有浪费，那么压力与身心疲劳日积月累，你最终将无法获得预期的成果。而"去做所有想做的事"的梦想也将会只是一场梦而已。

上班族妈妈们会说，"梦想很丰满，但现实太骨感啊！"

但是，也确实有一些朋友做到了。她们会向周围人宣布："这个月××日我会消失一天，拜托大家啦。"把孩子托付给丈夫之后，这一天便在健身房的锻炼中开始了。健身之后，去享受按摩、美容，在一顿稍显奢侈的"一个人的午餐"后，再去欣赏一台话剧演出。她们会将这样的一天用运动或修身养性的方式作为给自己的奖励。

而且，我也听到很多妈妈说：

"一开始我丈夫会发牢骚'这不是胡来吗！这一天我们该

去哪儿？去见谁？'而现在，他会带孩子一起去参观博物馆或去游乐园玩儿呢。"

"现在他真正成了一位'模范爸爸'，也会积极参与孩子学校的活动了。"

同时，也有一些朋友会说："在我家，休息日全都是家庭劳动日"。

可是，这意味着生活的全部意义就是为孩子和另一半服务，你希望如此吗？

其实，长久以来，我们一直在做着很多"不由自主"的模式化的事，但很多事都是没有意义的。家庭劳动也是一样，我们认为做了这些，对方就会由衷地开心并因此而感激。但这种想法是时候该改变一下了。

平时，我们都在绞尽脑汁地去思考如何能在工作或人际交往中更加有效地利用时间，但其实，我们的大脑更乐于去思考"该在每个月一天的自由时间里做些什么"这样的问题。

在享受过"自由时间"之后，也许你就能突然获得一个绝好的金句，甚至是一个具有划时代意义的项目企划。

这些都要先从在日程表中创建一个自由时间开始。

用自由时间去"讨好"大脑。

9

睡前编写待办事项（to do list）的诀窍

如果能有效发挥备忘录的作用，那么即使有成堆的事情要去做，也不会乱作一团。

具体来说，就是养成每晚写一张第二天的"TO DO LIST（待办事项清单）"的习惯。

仅仅是把要做的事情写下来，就可以起到整理思路的作用，同时还能提高第二天工作的积极性。当然，有很多工作是需要花上好几天并与其他工作同时推进的，不过，你只要把它们写下来，在心理上就会感觉轻松很多。而对于工作中一些比较担心的部分，写下来有利于我们更客观地看待它们，这样便可以更好地掌握情况，并做出更有效的处理。

在写 TO DO LIST 的时候，我会以"给明天的自己悄悄投出一球的感觉"去做。

在写 TO DO LIST 的时候，写的内容也要注意，只写"不得不做的事"，而不要写任何希望或愿望。不然的话，你的这份 LIST 就会越写越长，最终造成时间和精力的浪费。

再有就是，TO DO LIST 中的条目是不分优先顺序的。

也许很多朋友在写 TO DO LIST 的时候都会设置一个优先顺序，但我认为 TO DO LIST 的目的是为了尽量避免在第二天的工作中出现遗漏或失误。写 TO DO LIST 的过程，其实也是一个对次日任务的预演，所以不需要设置优先顺序。

"与那个人聊聊这个话题。"
"送给××社长他最喜欢的盐大福。"
"据说明天下午有雨，别忘了带伞。"

如果你一边写一边想象着次日自己的状态，那些"明天必须要做的事"是不是就会变得更加清晰起来呢？

手动起来了，头脑也会跟着动起来。

```
××月××日
·准备盐大福当作伴手礼(××社长的喜好)

·降水概率60%,别忘带伞

·东京站→××公司所在的九段下站乘车路线
①东京-大手町(地铁丸内线)
  大手町-九段下(地铁半藏门线)
②东京-大手町(地铁丸内线)
  大手町-九段下(地铁东西线)
③东京-大手町(步行)
  大手町-神保町-九段下(都营线)
```

图1-3 明天的 TO DO LIST

此外,为了防止因交通瘫痪影响到自己计划的安排,一定要提前查好多条通行线路并记下来。

我就有过类似的教训。当天,在得知遭遇交通事故和交通堵塞的信息后,虽然也临时查找了其他的换乘方法,可由于内心焦虑不安,最终还是坐错了车,耽误了工作。这种时候如果选了错误的线路或是绕了远路,就会造成损失,所以我现在会在前一晚把这些信息查清楚并写下来。

把事情写下来就能客观地去面对。

10

日程表从私人安排开始记

我经常被问道:"日程管理到底该用日程手册?手机?还是电脑?"我的回答是:"最好按照你的工作风格来选择"。

用什么样的工具都可以,但日程管理通常有两个诀窍。

① **个人生活与工作计划都要用同一个日程表来管理**

如果把生活日程与工作日程分别记录在不同的地方,那么当上司突然说起:"下下周日我们要请××公司的人去打高尔夫"的时候,你就无法立即确认当天是否已经有了日程安排,也很有可能当时答应了下来,过后却又要找领导哭诉:"我半年前就约好那天要去参加朋友的结婚典礼。"把所有的日程安排都记在同一个日程表中就可以避免出现类似的情况。

② 从个人日程开始记

一张日程表要从"私人安排"开始记。

将私人优先于工作并不是要改变工作方式,而是因为,你要写入日程表里的(或者说是你非常想纳入日程的)那些个人计划可以说绝大部分都是令人愉快的事情,如果错过了会让人非常懊悔。

而且若是忘了做,很有可能还会影响到工作的积极性。所以,在一张全新的空白日程表中填入那些令人愉快的私人安排绝对会让你精神振奋。

"好期待这件开心的事情""马上就能见到久违的朋友了"……当你一边看着这些令人欣喜的日程,一边安排工作日程的时候,奇妙的事情就发生了——你会发现,那些烦琐的工作,甚至是与合不来的商业对手谈判都变得不那么辛苦了。

不管用什么工具记日程,都要遵循两大原则。

创建空白日程

如果说因为忙而把日程安排得非常紧凑,那么假如其中一个安排出现了拖延,之后的日程也都将呈现多米诺效应,造成大范围的延后甚至是混乱。更不用说还会因为焦虑而导致失误或麻烦了。为了防止出现这种状况,在每项日程之间留出至少30分钟的空闲时间如何?

当然,在制定日程表时,我们需要准确掌握每一项工作所需的时间。但如果是像下面这样,在规划日程时加入了自己的主观推测,则是不可取的:

"那位负责人说话简短,所以谈判也许能在15分钟内结束。"

"今天只是礼节性拜访,所以也可以把后面的日程提前一些。"

……

虽说我已经在每一项日程之间都空出了 30 分钟的时间，但也经常会由于对方迟到或商谈结束还迟迟不离席而造成日程上的紧张状况。

这种情况下，一整天的日程都会变得非常紧张，我也不得不把发条上得更紧，而结果往往是力不从心，感觉无法很好地集中注意力去处理工作或做出果断的决策。

因此，几年前我就开始在日程表中创建"空闲时间"，也就是空白的日程。

虽然行业或工作进度各有不同，但假如给耗时大约 30 分钟的日程安排预留出 1 个小时的时间，会产生什么效果呢？

- 记下在附近书店看到的有意思的标语或广告词；
- 去地下大卖场选购赠送客户的礼品；
- 到安静的咖啡厅品尝一杯上乘咖啡放松头脑；
- 走访企业或地方团体开设的直营店以获取第一手信息并记录下来。

……

诸如此类，你可以利用预留的空白日程的时间去做各种各样的尝试，在这个过程中，说不定会邂逅意想不到的人，或得到梦寐以求的信息，总之会有一些惊喜等着你。

空白日程中蕴含着机遇。

如果没有空闲时间，不要说惊喜，你就连这样的人和信息的影子也看不到。

没有留白，也留不住机缘与好运。

能制造偶然性的日程安排

前面我们讲到"创建空白日程"的好处，而这里我更要推荐一种"能制造偶然性的日程安排"。

我想朋友们可能都有过这样的经历——在一个不可能相遇的地方偶然碰到某人，或在一个出乎意料的地方遇到了一直想见的人。这些都是计划外的"偶然",但我这里说的"偶然",意思是有意去制造这种偶遇场景。二者意思完全不同。

可是,偶然可以被制造出来吗?

当然可以,而且方法十分简单。

① 在前往开会、碰头或约会等预定地点时,如何选择路径

你是不是会选择跟往常同样的车次和路径?假若这次选择了一条虽然绕远但能途径自己心仪的人的办公室附近的路,也许途中就真的可以偶遇对方,你们相互感叹着"我们真是有缘!"便从此渐渐热络起来,变得越来越亲近。

② 在两个约会之间的"空白日程"里,到那些
会遇到能激发自己好奇心的事物或人物的地方去

在工作日,**我去得最多**的地方就是丸内或东京站附近的大型书店。因为那里的书籍种类繁多,如果到那些平时接触较少的领域图书区逛逛的话,还很有可能会从当中的书名或宣传语中发现一些别出心裁的话题或时下流行的词句。这些对我筹备新书或收集演讲素材非常有帮助。

而且,如果能在这些时候利用好备忘录,还将带来意想不到的效果呢。

这就是有意制造偶然所带来的好处。

此外,我也会利用空闲时间去参加感兴趣的商品推介会或小型研讨会。因为在这些活动中极有可能会出现与自己志趣相投的人,还常常能偶遇平时难得一见的大忙人呢。

再有,在刚刚提到的那类书店里,经常能遇到作者本人或是自己的读者朋友。这时,双方都会在感叹"真让人吃惊!太巧了!"之后自然而然地聊起彼此的缘分,有时甚至还会约好下次再见的时间。

总之,这种制造偶然性的日程安排能够让你获得灵感、学问、缘分等很多意想不到的财富。

偶然,是积极创造出来的。

周日的"个人备忘"

前面我已经介绍过,工作日要分成"周一到周三""周四"和"周五"三部分来安排,其实休息日的私人时间也有它的安排技巧。其要领就是，把约会全都安排到周六，而周日则留给自己一个人独享。也就是说，与别人的交流只放在周六，周日则完全由自己来支配。我就是这么做的。这里说的"交流"是指和一些与自己的工作没有直接关系的人之间的交流，比如，"与志趣相投的朋友见面""参加一些能够有所收获的演讲会或研讨会"，以及"有趣的聚会"等。

我平时的生活大概是这样的：

工作日集中精力去工作，我规定自己每天16点结束工作，在那之后就关闭电脑。

然后对自己说："今天也顺利完成了工作。辛苦啦！谢谢！"稍稍活动一下头部和肩膀之后，就径直回家去泡个热水澡，养精蓄锐。

在结束工作以后，我基本上就不会再约见与工作有关的人了。而是专心为第二天早上5点准时开始工作而做准备。一边写TO DO LIST，一边进行工作预演，或准备第二天要用的服装、物品以及资料等。而且，为了确保自己能以饱满的热情和充沛的体力投入工作，每天保证充足的睡眠以及做好健康管理也尤为重要，要"像对待一件产品一样花时间去打磨自己"。

我还经常会被邀请参加一些晚间的聚餐活动。每当这时，我都会开玩笑地说："一到19点我就要睡觉"，并委婉地拒绝

（保密哦）。确定了这样的作息规律后，我能够比以往更加集中精力地投入到工作中。而对于这样的我来说，周六是非常特别的一天。这天是我的"交友日"，我会不惜金钱和精力长途跋涉去很远的地方拜访朋友。这样不计得失地去结识新朋友，使我得以与意气相投的朋友深入交流。

说实话，在有的周六，我也会感到特别疲累，不想去见人了。但恰恰越是在这种时候去见一些跟工作无关的人，越能够振奋精神。通过与陌生领域的接触，可以让自己的精神得到充分的放松。

周六安排自己去结识一些工作圈子以外的人，可以让自己更清晰地切换不同的状态。

而在周六的兴奋过后，周日则基本用来休息。

我一般会从清晨的一泡温泉浴开启新的一天，然后带着爱犬去附近散散步，到海边捡捡贝壳。如果天气好的话，还会去海边参加一些有意思的活动，饿了就找一家新开的餐厅或甜品店享受美味，然后悠闲地逛逛礼品店。然后，在下午2点前回到家，舒缓一下脚部和肩膀的疲劳，或者再去泡个温泉。之后，一边写第二天的 TO DO LIST，一边在脑子里进行预演。

周六，因为远离工作，并得以与平日里难得一见的人相聚而兴奋不已；周日，一个人随心所欲地放松休息。在度过了这样的两天之后，我会感觉特别"想去工作"，并且非常"期待周一的到来"。

周日的"个人备忘录"能让平日的工作更高效。

周末的休闲也需要计划安排。

将社交网络用于"公开备忘录"

至此，我已介绍了如何在笔记本、日程表或日历上写备忘录或 TO DO LIST，但备忘录并不仅限于这些形式。

我认为，在社交网络上发的消息也可以成为一种时间管理方面的备忘录。

下面，我就来教大家一些把社交网络当作备忘录来灵活利用的技巧。

我在"脸书"或博客上不仅仅发布有关工作的消息,还会经常发布一些个人方面的信息。我用这种方式使用社交网络已经有十几年了,而且每天都在坚持更新。即使是在休息日、身体出现不适、出差或出国前,甚至是家中发生了不幸的事情时,也没有间断过。

不过,我并不是把这些当作不得不去做的任务来完成的。

我是以一个作者或演讲者的身份去看待社交网络的。它对我来说是一个可以磨炼自己表达能力的地方,同时也是一个能够及时获取读者反馈的很好的营销机会。而且,在任何地方都可以发网络消息,还是免费的,这让人没有理由不用它。无论在何时何地,我都想去更新网络消息,然后与读者交流。

但我不会为了炒作而故意发那些过激的言论,或明显是博取眼球的照片。

我尽量做到不让读者感到不快,只发布对自己负责任的内容。有时,希望能让大家更多地了解我,也会用一句简单的话语当作我的个性签名,以此来表达我的想法。

不过话说回来,也不是没有为难的时候。

有时候会感到身心俱疲,以至于都难以把想表达的东西很好地归纳出来，还有时由于工作不顺利而心情低落。这种时候，我就不发任何具体消息，只写一句："今日休息，家中调养。"或"今天是我保养身体的日子，借机也把社交网站一起保养一下。"

……

这其实就是宣布我要暂时"关机"了，也可以说是利用社交网络发布一个"临时休息"的通知。

如果第二天自己的状态恢复正常了，就再用一种幽默的方式在某个社交网站上发布一个"开机"通知：

"托大家的福，已完成重启！感觉我现在能以年轻10岁的状态集中精力投入工作了。"

"等着我消息的朋友们，臼井由妃回来啦！"

……

这样做，可以避免让读者朋友们为我担心。同时也防止因自己发布的内容过多而给大家带来不快。这对我们双方都是有好处的。

通过社交网站来发布"开机/关机"通知。

用定时器强化"时限意识"

通过写备忘录找出那些没有意义的事之后，你的时间会变得多起来。但是，如果不好好利用多出来的那些时间，就等于前功尽弃了。

下面我就来介绍一种能够充分发挥出高能效的技巧。首先，就是要了解自己在什么时间的效率最高，能最大限度地集中注意力。

一般来说，上午是我们的大脑运行最顺畅的时段，所以更适合做一些"费脑子"的工作，能够发挥出更高的效能。不过，也不能排除大脑有时候会不在状态的情况。就算身心健康且睡眠充足，我有时也会出现怎么都无法进入"工作状态"的情况。但是，就算状态不佳，也有不得不完成的工作……这种时候，我就会用上厨房里的定时器。因为定时器可以增强时限意识，能够使人集中精神。

具体方法是这样的：把工作分成几部分，使每个部分都只需很短的完成时间，再分别给每一个部分设定一个完成的时限。如，"写企划书 20 分钟""回邮件 15 分钟""会签文件 10 分钟"。把定时器预设到工作完成时间后，一口气把工作完成。

这个方法是在我准备行政书士资格考试时想出来的。因为当时我没有太多的复习时间，要想一次考过，就必须想方设法提高学习效率。

那些能够在有限的时间内做出成绩的人使用的往往是简单而有节奏性的工作方式。

无论在哪儿，不管在何种情况下，只要工作来了，就能马上"启动"，迅速以高度集中的状态投入到工作当中去。而当工作完成以后，还可以马上切换到休息的状态，喘口气放松一下。

效率的提升正是在这样的循环往复中得以实现的。

在紧张与放松中不断循环往复。

16.

你每年有没有浪费掉 700 个小时？

对上班族来说，通勤的地铁或公交车就是一个"移动的书房"。

不管是处理日常业务，还是新接手的工作，人们在办公桌前最多也就能保持 60 分钟左右精神高度集中的工作状态。而在上班时间内不断重复这种专注的工作状态绝非易事。

就算是对自己的专注力非常有自信，能够在办公桌前坚持"奋战"120 分钟之久的人，实际上能否从中获得与花费的时间相称的工作成果？我对此表示怀疑。

做个深呼吸、伸个懒腰、喝杯咖啡、与同事聊聊工作进展……如果没有这样的中间休息，就有可能无法再次聚精会神于工作中去。

因此，我会充分利用上下班途中的时间以保证工作效率，同时在过程中也可以达到转换心情的目的。

将办公室中"一动不动的工作"变成通勤途中"移动中的工作"。

地铁或公交车在运行过程中会产生一定的震动或摇摆,这种状态能够自然而然地让情绪兴奋起来并使大脑更加活跃。

在通勤的车厢中被大量上班或回家的人群包围着,会让人不禁想到"大家都在努力工作呢""不只是我一个人很辛苦"……这种感受能够让人的心态变得更加积极。

所以,对上班族来说,地铁或公交车内也可以说是一个最适合提升积极性并正视自己的环境。

实际上,很多工作只要准备充分就能在很短的时间内完成。即便是10分钟或20分钟的零碎时间,若日积月累也是相当可观的。所以,有一些工作完全可以利用上下班途中的零碎时间去处理。

为了能够充分利用"移动的书房",不仅要了解哪些工作可以在公交车上处理,最好还要在公文包上下一些功夫。公文包一定要挑选既轻便又结实的,并且能够装得下最常用的"A4纸"大小的文件。

我自己外出时会使用结实而轻便的皮质大手提包或尼龙双

肩背包。如果在车上能够找到座位坐下,那么大手提包就可以放在腿上充当小桌子,我可以在上面把文件摊开来工作。而如果是在更加嘈杂的环境中,则可以使用双肩背包(把背包背在胸前),这样便于解放双手。不管是看书,还是听事先录制好的会议彩排或演讲小样的录音,都很方便。

如果去计算一下一年中花在通勤途中的时间,那么即使是平日里经常居家工作的我也足足有700多个小时!如果能把地铁或公交车当作一个"移动的书房"来看待,你就会花心思去思考该如何利用这700多个小时了。

通勤途中的时间就交给你的"移动的书房"。

"80%程序化"的5个好处

我想请大家想象一下这样的场景:假如你去拜访客户,到了客户公司后才突然想起有一份重要的文件落在自己办公桌的抽屉里忘了带来。那可能只是一页图表，但却是今天谈判中一份必不可少的资料。于是，你想给公司打电话，让同事把它做成 PDF 格式再通过电子邮件发给你。那么，你能否快速准确地告诉同事这一纸文件的所在之处，并让其顺利找到它？

有人能迅速在脑子里描绘出自己办公桌的示意图——"很好找。在我办公桌从上往下数第二个抽屉里，有一个写着'××公司资料'的透明文件夹就是啦。"

也有的人是一片混乱——"嗯……让我想想，我记得好像是夹在一个很厚的文件夹里了……没有吗？"

可以这么说，能够在脑子里描绘出办公桌示意图的人都能够做到：

- 懂得收纳整理。
- 已经将绝大部分工作程序化，所以工作流程已经烂熟于心。
- 由于没有多余的程序，所以能清楚地记得什么东西放在了哪里，以及什么时候做了哪些事。

而那些无法立刻说出自己物品位置的人则：

- 不善于收纳整理，东西到处乱放。
- 工作几乎没有程序化，着手工作之前会花费大量时间。
- 由于做了很多无用功，即使有意识想要行动起来，但身体却跟不上工作的节奏。

虽然不同的行业或职务工作内容会略有不同，不过将80%的工作程序化就几乎可达到工作的最理想状态。

但是，也有人反对"程序化"的做法。

他们可能是考虑到了程序化的负面影响，比如：

- 给人以这项工作谁都能做的印象。
- 担心失去工作的意义。
- 会因始终重复简单的工作导致厌倦情绪。

而顾虑最多的，我想还是担心自己会被他人轻易取代这件事。

可是，这样难道不好吗？

将80%的工作程序化，把精力集中到剩下那20%只有你才能完成的工作中。那20%的部分可不是谁都能胜任的，你尽可以去创造这部分"具有个人特色的工作"。

其实，将工作程序化有很多好处：

① 工作更加高效。

② 减轻工作压力。

③ 保证工作质量。

④ 有利于高度集中注意力。

⑤ 不管怎么说，至少能简化日程管理。

如果能让工作变轻松，还能减轻工作压力……这样的话，你还会反对将80%的工作程序化的做法吗？

在20%的部分创造出"具有个人特色的工作"。

充沛的时间源自"'还有……'式思维"

"只有10分钟了"和"还有10分钟呢"这两种说法给人的感觉，在心态和行为的紧张度上会产生巨大的差异。

我将前者叫作"'只有……'式思维",而把后者称作"'还有……'式思维"。

"'只有……'式思维"使人焦虑,容易导致失误,甚至明明能在规定时间内轻而易举完成的事也难以完成。

而"'还有……'式思维"则完全不同。它能使人沉着冷静地推进手边的事情。不仅可以比平时更快地完成工作,而且还很少会出现失误和问题。

我们生命中的每一天都只有 24 个小时。而上班族们则被要求在这 24 小时之内做出工作成绩。所有的工作都有个完成期限,同时也有一个等待你完成工作的上司或客户。但即使是在这样相同的条件下,有些人只会喊着"我很忙""没时间",好像忙得团团转却做不出任何成绩。而另一些人虽然也在忙,但却看不出一丝焦虑,而且还能不断去尝试一些自己想做的事。

我真心希望你能成为后者。而这并不需要你具有什么特殊的能力。

只需将"'只有……'式思维"转变为"'还有……'式思维"即可。

只要做到这点,你就不会再说出"我很忙""没时间"之类的话了。

"'还有……'式思维"会不会过于从容不迫而让人丧失了行动力呢？——这样的担心完全没有必要。

假如你把"只有10分钟了"换成"还有10分钟呢"，就可以调整心态，并能清晰地梳理出待办事项的优先顺序。

之后只要按顺序沉着地去处理就可以了。

"'还有……'式思维"是活用时间的关键。

超精简备忘术

第二章

能快速成就"想做的事"
的人际交往方式
——仍以"写下来之后舍弃掉"
为原则

Q2：请按顺序写出 5 种让你感到麻烦的人际关系。

①

②

③

④

⑤

第二章 能快速成就「想做的事」的人际交往方式

当想要做些什么的时候，你能想到几个能够理解你并愿意帮忙的人呢？

又有几个人能够不惜时间和力气乐于向你伸出援手呢？

"啊？一时还真想不出来""我从没这么想过……"

要实现"去做所有想做的事"的目标，你可能需要的是100个愿意帮助你的朋友，10个能教给你相关知识或智慧的伙伴，以及1位随时支持你的重要人物。因为，不管是机会还是财富全都始于良好的人际关系。

那么，为了拓展人脉，是不是只要与更多的人交往就可以了呢？并非如此简单。因为，人际关系也有可能会在精神上和时间上成为你实现目标的障碍。

换句话说，通过对人际关系的梳理，能够让你更接近"去做所有想做的事"的人生。为此，我们还是要先把"感到麻烦的人际关系"写出来。然后，果断与那些让你倍感压力的人和会给你带来麻烦的人说"拜拜"，将你的人际关系集中到那些值得尊敬和值得信赖的人身上去。

人际关系就是"废弃&建立"的不断重复。一定要让自己的周围充满能带来新鲜感和刺激的人。

我利用从东京搬家到热海去住的机会,把我此前的人际关系重新梳理了一遍。从中我再次认识到,对人际关系进行清理能让生活变得更加令人兴奋。

很多朋友会说:"什么?清理人际关系?怎么可能?"但是,你的人生才是最重要的吧。

在本章中,我将以三步法中的"②舍弃掉"为主,向大家介绍能让你快速成就"想做的事"的人际交往法的精髓。

让人倍感压力的人际关系——先如实地写下来

请按顺序写出5种让你感到麻烦的人际关系。

你有没有那种虽然内心不情愿,但碍于面子、声誉或金钱而不得不一直勉强维系的人际关系呢?

这里可以写出你的真实想法。

将出现在脑子里的内容如实地写下来。

下面的这些条目是一位活跃在写作和演讲领域的小 E 写下来的。

① 未曾谋面却提出要见面的人。
② 想无偿索取评论的媒体人。
③ 发来一封长邮件说"想听听您的建议"的人。
④ 打着曾帮过我的人的旗号,让我做一些谁都能做的事的人。
⑤ 在社交网络上匿名来找茬儿挑衅的人。

看出来了吧?小 E 是一位很有人气的名人呢。

正因为人很红,所以就会有"负面的声音"。同时也会出现一些因为自己是曾有恩于小 E 之人介绍来的,就料定"不会被拒绝"的目中无人之人,以及想让人无偿为他们工作的媒体人等。

人气越高,麻烦的人际关系就会变得越多。

你应该也有过类似的经历吧。如果这时不去重新审视一下自己的人际关系,那么实现"去做所有想做的事"的目标也将变得遥遥无期。

我们该怎么做呢?

努力去清理人际关系。后面我们会再具体介绍这方面的观点和清理方法。

此外,不同于时间、金钱或物品,人际关系上的问题一般都是显而易见的。多数情况下,我们能感觉到"与这个人合不来"或"这个人让我倍感压力"。

虽然知道,可就是做不到。而这又会增加你的压力。

所以,本章中,我将以"① 写下来→② 舍弃掉→③ 集中于"这3个步骤中的"② 舍弃掉"为中心进行讲解。

清理并不可怕。

清理你身边的"恶魔"

请仔细看看你刚才写下来的那些感觉麻烦的人际关系。

如果没有那些人际关系,你的生活能变得有多安逸恬静?

你在那些人际关系上究竟花费了多少时间和力气？想一想吧。

然后，请把那些只需要忽视它就能消失的人际关系一个接一个地像扔进垃圾桶的垃圾一样舍弃掉。

有些朋友会说，"将人扔进垃圾桶"的说法未免有些不近人情。

可是，如果没有这样的气势，你就会被一些羁绊或是面子、名誉、常识等因素困住手脚，而无法与那些人际关系做个干脆的了断。

为了做出成绩、达成目标，我们就需要周围人的帮助。而真正可以提供帮助的，是那些支持你并且有时还会严厉地给出意见的"重要人物"。可以说，他们是能帮你提升自身价值的人。

而对于这些人，你一定也"想去为他们做些什么"。那么，只需要去珍视这些让你会产生这种想法的朋友，其他的人际关系忽视即可。不要犹豫，果断做出抉择。马上与那些散发负能量的人、无视别人时间的人及精于算计的人断绝关系吧。

他们不光会使你的人际关系变得更复杂，而且还可能是些会嫉妒你成绩的"恶魔"。如果你周围充斥着这种人，那么你的那些"重要人物"就无法接近你。

任谁都会觉得"清理（也就是舍弃）人际关系"是一件非常困难的事情，但在有限的人生当中，你是想一直被无聊的人浪费时间，变得越来越消极呢？还是愿意与重要的人一起"去做所有想做的事"，让人生更加充实呢？

答案不是很明显吗？

写下来，然后挑出"必须舍弃掉的关系"。

3

思考为"重要人物"做些什么

即使是对宗教或世界史没有兴趣的人也一定听说过"宙斯"的大名。他是古希腊神话中最伟大的神，是奥林匹斯众神之首。

如此伟大的宙斯，还有着一段广为流传的有关人际关系的故事呢。

第二章 能快速成就「想做的事」的人际交往方式

宙斯又被称为"倡导好客之道的神"（好客之神），他曾将自己装扮成一个落魄的流浪汉，想看看人们到底会不会热情待之。但走访了几百户人家，几乎都被赶了出来，只在一户人家那里得到了热情的招待。那家人是一对老夫妇，他们自己的食物都不够吃，却慷慨地请宙斯吃东西，而且对他这个流浪汉非常尊重。

据说后来，宙斯赐给这对老夫妇一生的幸福。

这对老夫妇给予素不相识的人不求回报的款待就是所谓的人性之善吧。

"款待"原本的意思是，由于珍惜人与人之间的联系而发自内心的"热情招待"。其目的是为了让对方高兴，让对方喜笑颜开，为对方效劳。但是，我们现在的"款待"中好像包含了更多的对"回报"的期待。

即便嘴上说着交往时会不计得失地付出无偿的爱，但在现实中，我从没见过一个能将这些诺言100%付诸行动的人。

"我对他那么好，他却什么也不为我做。"——这种想法是人之常情。因为人是一种任性而自私的生物。很遗憾，世上几乎没有不计回报的"款待"，哪怕这个"款待"只是件芝麻大的小事。不过，我认为只要换个角度，想想"我要为那个重要人物做些什么呢"，我们的人际关系就会越来越清晰。

换个角度——"我要为那个重要人物做些什么呢?"

"重要人物"随生活场景不同而变化

"你的重要人物是谁?"

如果你能对自己做出正确的分析,就能立即回答出这个问题。而暂时答不上来的朋友也不要泄气。

"重要人物"当然也会随着年龄、工作、环境等因素的变化而不断发生改变,所以答不上来也是很正常的。我认为,几乎不存在"忠贞不渝的伴侣"或一直"不吝赐教的领导"。

在工作中到底能得到多少人的支持并不重要,即便是只有一个人也没关系,关键是去找出你的那位"重要人物"。

这位"重要人物"会对你提出的问题给予耐心回答,即便是你无意间提起的一句话,他也会立即给予答复。就算是一些不便表达的意见，他也会委婉地告诉你。

在这个过程中，你们得以相互激励，从而获得新的灵感和学识。

在这样不断互动的过程中，还会产生信赖与信念，以及相互的尊重，于是也让你更加坚信自己能够取得成功。虽然我从没遇到上面说到过的这种情况，但即便是我的那位重要人物真的提出一个不合情理的工作要求，我也会笑着说："没问题！我一定按期完成。"马上答应下来。

这就是我对"重要人物"给出的回答。

只有一个人也没关系，关键是要去找出那位"重要人物"。

征服对方的 4 个秘诀

你一定听过"征服"这个词。一个能够不分男女老幼征服所有人的秘诀却可以在工作中以及生活中得到广泛的应用。

下面我来介绍臼井式征服对方的 4 个秘诀。

① 首先要认真倾听

倾听,并用"原来如此""我懂""真棒"之类的词来表达自己的同感、理解或感动。即使听到不同的观点,也不轻易否定,暂且接受对方的意见,之后再表达自己的见解。如此一来,反感与反对的声音就没有可乘之机了。

② 对所有人表现出感谢与热情

你的行为当然不能让人厌烦,但不管对谁都要表现出感激之情和热心肠。

"这样对待所有人的话,来添麻烦的人难道不会越来越多吗?"

这种担心是很自然的,不过那些给人添麻烦的人大都认为"自己是最特别的"。既然你对所有人都表现出同样的感激与热情,那么他们在你身上是得不到满足的。最终,这些人会渐渐地从你的周围消失。

③ 称赞那些连他们本人都会忽略掉的细微之处

要擅长去赞扬那些连他们自己都没有注意到的地方。比如:

"你写的东西特别容易理解,让人一读就能明白,真是受益匪浅！"

"每天一听到你的这句'早上好'，我就能立刻变得干劲十足。"

……

像这样去称赞一些具体的细节之处。

④ 宽容他人的失败，并鼓励其从中汲取经验，便可获得他人信任

如果同事因工作出现失误而闷闷不乐时，可以跟他分享一些你平时不愿轻易提起的自己以往的失败教训。比如，"我以前也犯过同样的错误。那时我是这样补救的。"这样做可以拉近你们之间的距离，让你获得他人的信任。大部分人平时总喜欢吹牛，而绝口不提自己曾经的失败经历。因此，当你与人分享自己的经验教训时，便很容易打动人心。

通过鼓励对方反思自己的失败并从中吸取经验教训，就可以得到对方的信任。

我们这里所说的"征服"，却能让你得到周围人的好感，不仅可以在工作上远离干扰，在生活中也能远离无端的纷争。

征服对方的 4 个秘诀。

6

社交网络中人际关系的废弃与建立

对于社交网络中的人际关系总感到苦恼;如果不随时查看社交网站上的最新信息就会焦躁不安;过分沉迷社交网络而导致睡眠不足;该做的工作逾期未完成……我最近常常听到人们这些有关社交网络的困扰。

你可能也会有一些自己的烦恼吧。

那么,就让我们来进行一次"社交网络大清理"吧。

现如今,我们在工作中会用到"LINE""脸书"或"推特"之类的社交网络平台。当一天 24 小时都和自己的客户、上司、同事、朋友、熟人以及家人处于全天候的联通状态下时,我想很多人都会感到窒息。

第二章 能快速成就「想做的事」的人际交往方式

收到别人通过社交网络平台发来的消息就需要马上回复，这会让你倍感焦躁，而手中的工作因此被迫停下来又导致了工作效率的降低。同时，发来消息的那个人会想当然地认为"你会随时查看消息"，如果迟迟看不到你的回复，他也会紧张不安起来，"怎么回事？""是有什么问题吗？"——就这样，你们都陷入一种莫名其妙的状态中。

我平时主要使用"脸书"，有时也会用到"博客"和"推特"。

为了宣传新书以及收集演讲素材，我几乎每天都会在社交网络平台上发布新消息。在"答读者问"的过程中，我也会抱着一点点私心去展示自己生活上的一些侧面，以期增加与读者之间的亲切感，让大家对我的书和演讲更感兴趣。

所以，我不会去理会那些与这个目的无关的信息或评论。

我经常能收到很多聚会或学习会的邀请，但我不会去接触那些仅仅是通过社交网络平台联系我的人。对于他们发出的邀请，我甚至不会给出参加与否的回复，一概忽略掉。

即使我会因此在社交网络平台上遭到非议和批评也无所谓。

因为与这些人的交往是毫无价值可言的，我会即刻将其屏蔽。

前些日子，我有幸能与一位拥有 5000 位好友以及 3 万余名粉丝的大咖进行了一次对话。

我问的第一个问题就是，"粉丝到底能带来什么好处呢？"

大咖答："朋友多了难道不会更快乐吗？"

"确实会快乐，可……应该还有些别的好处吧？您能告诉我吗？"

难得有机会面对面地向一位拥有如此众多拥趸的人讨教关于人际关系方面的见解，所以我就问出了这样一个简单直接的问题。片刻的沉默之后，对方有些不快地反问道："臼井女士是在否定社交网络吗？可您自己不是也在使用吗？"

其实，很多人都是因为看了他的社交网络平台上的一些数据后认为如果能认识此人就一定能为自己带来关键人脉，所以才去追随他的。在他个人的社交网络平台页面中也有很多是让人忍不住想删除的评论和机械式的"点赞"，说实话，看了着实让人生厌。

而这位大咖即使是对这些评论或留言也都会认真对待，并一一回复。

我倒认为，如果将花费在这些事上的大把时间用到其他一些事情上，会更加充实而有意义。比如，思考商业构想；给关照自己的人写一封亲笔信；看看书，通过在感兴趣的地方做笔记等方式来记录自己的感想，形成自己的见解，以及获得新的知识。

如果你在进入社交网络平台时是漫无目的的，或尚未意识到它的（可怕的）影响力，那么我希望你立刻停下来。

建议你将这些人从你的好友名单中删除——你连名字和长相都不知道的人就不用说了，还有就是那些虽然在社交网络平台上很出名，但在实际生活中却未曾谋面的人。

一直保留这些人为虚拟好友只会浪费你的时间和精力，最终使你陷入"网络社交疲劳"之中，有害无利。

社交网络中的人际关系需要废弃和再建。

不断清理掉带给你紧张和压力的人，而与一些自己感兴趣、有好感的人建立起联系。

况且，社交网络上的人际关系大都只流于表面，即使中断联系也不会影响到真实生活中的那些对自己真正重要或必要的人，你们之间的关系仍会继续保持下去。所以大家无须担心。

清理社交网络上的人际关系可以使内心与时间上都更加从容。

改善职场人际关系从"吸盘鱼"法开始

这世上有很多人想找到一种可以轻松赚钱的工作,又或者想追随一些会赚钱的人,想靠"吸盘鱼方式"去赚钱。虽然如今我能够站在旁观者的角度来看待这些人,但以前的自己又是什么样子的呢?在公司经营进入正轨之前,我也在很大程度上采用过这种"吸盘鱼"的方式。

那时,我也曾是一只"吸盘鱼",为了能够得到梦寐以求的工作,装作偶遇的样子去接近业界大佬或领域权威——"我们真是有缘啊""我感觉就像命中注定一样"。一脸真诚地说着这些现在想想都觉得难为情的话,想方设法地跟对方拉近关系。

而之后,我也成功与其中一些人成了朋友,并从他们身上

第二章 能快速成就「想做的事」的人际交往方式

学到了如何具备商业敏感度、如何打造流行产品、解读时代趋势及运用传媒的方法。

在决定要成为一名作家后,我便跟随一位泰斗级商务作家,当了一只"吸盘鱼",并从他身上学到了很多相关知识。比如,前期如何寻找素材和设计宣传语、个人简介的重要性以及出版界的流行趋势等。

然而,并不是说只从他们那里学到"应该这样做""不要那样做"就行了。要尽可能跟在他们身边,去亲身感受那个行业的气息。

虽说现在日本的职场里也越来越注重实际能力,但最终决定你能否升职加薪、能否出人头地的,还是你的顶头上司。如果得不到他的肯定,你的职业生涯就无法真正开始。

因此,你首先要去做一只依附于顶头上司的"吸盘鱼",力争让他对你满意。虽然这看上去愚蠢又无聊,但如果想要在一个组织中崭露头角,这是必经之路。

即使你有能力可以开发出有价值的商品,如果不被上司采纳,也是没有机会的。可是,如果你依附的对象是个没有什么能力的上司该怎么办呢?

如果是我的话,虽然自己是一只"吸盘鱼",但对于上司的无能也会感到厌烦。所以,我还会同时去寻找其他更有能力的上司，并悄悄地向他直接表达出"希望能和您一起工作"的意愿。

此时无须过多的理由。虽然放弃了无能的上司，但自己仍要努力，继续尽你所能去支持他。

于是，在恰当的时机，你就能得到那个更有能力的上司提供的机会——"希望你能来协助我完成这个项目"。

这就是那个你期待已久的机会啦！

终于可以成为一个实力上司的"吸盘鱼"，在他身边磨炼商业嗅觉与技巧。

这个方法对于在日本99%的中小企业中工作的朋友们都有效。而对于在大型企业工作的朋友来说，有可能会产生一些问题，所以在运用的过程中一定要多加用心。

"吸盘鱼"法并非是一个靠依赖别人在商业社会中生存的方法。

它真正的意思是，为了能去做自己想做的事，尽量为自己制造更优良的环境。但如果你已成为了中层管理人员，那么就需要改变方式了。你需要的是展现出自身的特色。

别人都不愿意花力气去做，而你却积极地去发现公司中一些可以进一步优化之处，并开动脑筋思考解决的办法，通过不断试错，最终提出一个完美的方案，以此来展现自己的才能。从中，你既可以收获一份成就感，又能够更快地从中间管理层晋升到核心领导层。

度过"吸盘鱼"时期之后就需要展现出自己的特色了。

为什么与对方难相处？——写下来再行动的效果

你有没有那种很难相处的客户？虽说只是客户，但你们之间也存在所谓的缘分。

在那些难相处的客户中，也许有些甚至会让你感到"实在不想见到他""看到他的脸就觉得烦"。我以前就有过这样的客户。

但对方毕竟是为自己带来生意的客户，工作中不能流露出一点儿厌烦的情绪。因为消极工作的时候效率又会低下。

因此，双方会谈时，我会琢磨一下为什么明明告诉自己要对对方抱有好感，可面对眼前之人时却还是不免产生厌恶的情绪。待会谈结束后，我会一个人试着将自己分析出的原因记下来。

大家可能会说，开会时与其分心去琢磨其他事情，不如集中精神好好谈工作。

有这种想法也是很自然的，不过如果不去分析厌恶对方的原因而继续与其做生意，那么，在相互合作的过程中，这种厌恶情绪很快就会被对方察觉。因为装出来的好感总是会被识破的。

经过分析后，我写出了厌恶的原因——"我感觉对方在假装自己很能干，这种感觉令人不快"。这就是我厌恶对方最主要的原因了。"对了，他并不是那个真正有本事的人"。虽说如此，但这也不能成为更换负责人的理由。

后来我想起还未曾拜访过他的上司，于是利用一次会面机会向他提出："一直以来承蒙您的关照，但还未曾拜见过您的上司。能否请您为我引荐一下？"

"好的。我来为您介绍我们公司的营业部长和专务董事。"

那一瞬间，我在心中大声称快。因为对他们这位营业部长的本事以及身为公司创始期元老的专务董事的精明强干早有耳闻。

真正见到之后才了解,原来他们二位不仅非常有绅士风度,平易近人毫无架子,而且比传闻的还要能干。"终于见到他们本尊啦……"在会见中,我还了解到,实际掌握决定权的并不是第二代的社长,而是这位专务董事。所以,"需要关注的是专务董事,而在此之前,要先获得营业部长的好感"。明白了这个之后,说句不礼貌的话,那位让我感到不快的负责人最多只算个"介绍人"而已。

从那之后,我也就转而将注意力集中到身处幕后的营业部长和专务董事身上了。

与客户之间的人际关系要以关键人物为导向。这样便可轻松应对。

那之后,我在每次的会谈中都会尽力向营业部长及专务董事转达问候。当然,对那位负责人,我也不忘加上一句"有您在专务董事那里推进,我对咱们的项目非常有信心""营业部长对您真是信任有加啊"。这样一来二去,原本觉得很难对付的对手也变成了决定工作成败的"丘比特"一样的存在,我也渐渐对他怀有了感激之情。

即使你没能像当时的我一样,将讨厌的对手当成"丘比特"一样看待,也没关系。不过任何事情的关键都在于你怎么去想它。不喜欢的对手并不一定会影响到你的个人生活。先不说那些在职场中始终一起工作的同事，如果仅仅是商务合作中遇到的讨厌的对手，不如就将那种普通的应对态度演到底吧。

将讨厌的客户变成决定工作成败的"丘比特"。

在名片上写备忘内容，避免白白浪费大好资源

你曾与多少人交换过名片？现在你手边有多少张名片？

除了那种存了几百几千张名片的情况以外，大多数名片基本上会被输入电脑文档中按字母顺序排列，或按行业被分别整理到不同的名片夹中。但不管是哪一种方式，要想从最合适的位置上恰到好处地找出那张最适合的名片似乎都不太容易。

第一次见面时你们聊过些什么？对方当时有什么回应？

你是否了解你们的共同兴趣或他的喜好？

他当时的公司是做什么或提供什么服务的?

他在公司里有没有决定权?

有没有可能成为自己的潜在客户或智囊?

如果你不能马上想起这些相关信息,就等于白白浪费了这张名片的宝贵价值。为了防止这种情况的发生,有一件事是非常重要的。那就是,将你们聊过的话题或对方的兴趣爱好等信息在名片上做记录。记录时,除了日期、见面的场合以外,关于对方的体貌特征等印象深刻的细节也别落下。

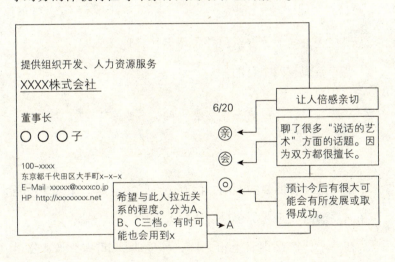

图2-1 名片记录①第一次见面的记录

名片就相当于一张工作备忘录。

10

每周清理一次无用的名片

现在我来向大家介绍臼井式"名片整理"术。

名片整理有两个目的:

- 培养客户,以增加销售额(归为顾客)。
- 在工作上搭建有力的人脉(归为智囊团)。

虽然这两者的目的不同,但有一点是相同的。那就是,能否在需要的时候想起那个最合适的人。

在一个新产品即将上市之际,你能否想起来"那家公司也许会感兴趣"?或是,在为新项目寻求合作企业的时候,你能否想起"那个人(那家公司)很可能帮得上忙"。这些就要看你整理名片的水平有多高了。整理名片的最终目的就是将其

第二章 能快速成就"想做的事"的人际交往方式

调整到让人最容易想起的状态。

我现在同时兼顾写作、演讲、企业经营顾问等多领域的工作，交换名片的机会自然就非常多，手里的名片也就越积越多。有多少名片就意味着你见过了多少人。所以，名片的数量不断增加其实是一件令人高兴的事。不过前提是，你要能够很好地整理这堆越来越多的名片。

所以，在周一至周五期间，我会暂时将工作中收到的名片按时间归档放入名片夹中。而到了周六的早上，我先精心地冲一杯咖啡，然后边喝咖啡边取出这些名片摊开来，一边回顾这一周来的工作，一边琢磨"这个人有多大程度可以作为潜在客户或智囊""他是我愿意主动去交往的人还是希望保持距离的人"，同时进行名片整理。

这里所说的名片整理的意思，就是将不必要的名片扔掉。

如果有朋友对此感到震惊，那我先说一声抱歉。

如果是认为有用的名片，我则会把它当作它的主人一样来慎重对待。

一周后，我还会给对方发一封邮件表达希望再次见面的意愿，或打一通电话提议见面，抑或寄一封"短笺"来表达对上次会面的感激之情。

经过一周一次的清理后保留下来的名片,都是一些"重要人物""拥趸""智囊团"及"顾客",他们能为自己的事业及人生增光添彩,是不可或缺的宝藏。因此,我会一边回想着对方的相貌,一边在他的名片上记下一些新的信息。比如,什么事能让对方高兴?今后要如何与之交往?

之后就要见机行事了,这非常重要。千万不要错过碰面的最佳时机。

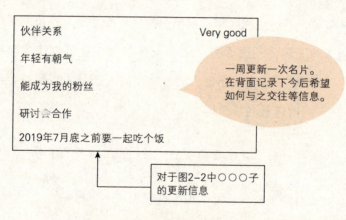

图2-2 名片记录②更新记录

不要错过碰面的最佳时机。

第二章 能快速成就「想做的事」的人际交往方式

一年一次重新评估人际关系的绝好机会

有一种方法能够让你了解许久未见的朋友的近况，或是见到工作上一贯严肃认真、雷厉风行的人与家人一起时满面笑容的另一面。能让人获得这种喜人发现的，就是贺年卡。

但是，要整理这些卡片却不是一件容易的事。如果仅仅是简单地拿根皮筋将它们捆起来放进抽屉里，但在你需要的时候却又找不到，就会慌了手脚。想着"这样可不行"，于是赶紧买来专门收纳贺年卡的盒子，仔细地将一张张贺年卡放进去，可是等到第二年却还要重新更换另一批贺年卡，这也太麻烦了……

我以前就是这样，不过后来我找到了更适合自己的方式，能够有效地整理贺年卡乃至讣告、乔迁通知。下面我就给大家具体介绍一下这种方法。

首先，我给自己确定了一个原则——对于逐年增加的贺年卡只保留3年。

我们在写贺年卡的时候经常需要确认一些最新信息，所以请连同讣告一起保留3年。不过，并不需要将收到的所有贺年卡全都保留3年。

新年给了我们一个绝好的机会，可以去切断无用的人际关系，认清有价值的交往对象，进而展现出一个全新的自己。

为此，首先要以"想珍惜的人"为标准来认真地审视每一张贺年卡，觉得不符合这个标准的就拿出来。选好以后，对这些卡片说一声"感谢你们以往对我的关照"，然后就可以将它们放进碎纸机处理掉了。

其他一些由于样式惹人喜爱或贴着有趣的照片而想要保留下来的贺年卡，以及之前自己筛选出来的贺年卡，可以作为原件放进从"百元店"买来的"贺年卡整理盒"中。而平时收到的乔迁通知或讣告也和这一年的贺年卡一起放在盒子里保存。

等到写贺年卡的时候，就可以拿出这个盒子作为参考。这样就能避免出现给过世的人寄出贺年卡这种失误。

这些贺年卡平时几乎用不到，所以整理盒可以和季节性的帽子皮草之类的物品一起放置在平时很少会去触碰的壁橱最上层。

每到年关都会异常忙碌。

而若在此时，还要在记忆的角落里苦苦寻找那张好像收到过的乔迁通知，或是因记不清是否参加了某人的葬礼而惴惴不安等，将时间耗费在这些事情上就未免太浪费了吧。

为了避免这种情况的发生，要在一年之初就甄选出"想珍惜的人的贺年卡"，之后再与他们深入往来。

最终保留下来的这些都是"有价值的贺年卡"，所以在年底写贺年卡的时候，你自然知道对谁该写些什么话，就不会再为如何下笔而烦恼了。

而你也能够利用因此而节省下来的时间去做一些自己真正想做的事情。

说声"感谢"之后就将不必要的贺年卡处理掉。

关于"清理人际关系"的3个角度

我认为,"清理人际关系"甚至比打扫房间更加重要。

因为困扰我们的很多问题或烦恼都源于人际关系。

其实我们并不需要那么多朋友。再说得极端一些,其实真正的朋友只需要有一个就足够了。

如果能对我们的好友进行一次彻底的清理,可以使你从紧张焦虑的状态中释放出来,获得更多的自由时间,从而更有积极性去挑战新鲜事物。同时,工作也会更加顺利。

以我的经验来说,进行"朋友清理"所带来的好处远远超出我们的想象。

首先,需要"清理"的朋友可以被分成下面三类。

① **周围人对他有很多恶评和意见，工作上也总被人抱怨的人**

经常和这样的人在一起的话，自己也会被周围人同等看待。这样做得不偿失。

② **爱吹牛或总提"当年勇"的人**

这说明他没有一点儿成长和进步。有时，我们也会偶尔提起一些往事。但若经常这样就会迷失方向。作为自己的朋友，我们还是希望能够和他一起互相促进、共同进步的。

③ **找不到可敬之处的人**

所谓可敬之处，并不是指多么伟大的东西。比如，"她在这方面很优秀"或"在这方面想向他学习"——能看到对方的某些"长处"就可以了。

所谓朋友，就是即使平时好像没什么事也不怎么联系，但你们的关系仍然很亲密。而还有些人，没事总要打电话或在LINE上联系你，做出跟你关系很好的样子，但其实他们都是"时间小偷"。

我们不需要那些既不能共同进步，也不能相互激励，而仅仅是表面关系的鸡肋朋友。

有时，朋友也可能是"时间小偷"。

13

"点头之交"越多,人生的损失越大

工作之后,我们身边的"点头之交"越来越多。

当你的职位及地位渐渐升高,他认识你而你却不认识他的这种"奇怪的关系"就会越来越多。这当中还会出现不少虽未曾谋面却口口声声说着"我跟您是老朋友啦"的人。

而如果平日里忙于工作应酬或家务育儿,那么你又会发现,虽然"认识的人"很多,但"真正的朋友"却很少,甚至连一个朋友都没有也不足为奇。实际上,我也是直到最近才结交到了能称之为朋友的人。不过,现在我们还处于"朋友以上、密友未满"的状态。

不夸张地说,我由于工作关系而相识的有几万人之多,但在生活中能让我真正信任并尊敬的不过寥寥数人。

有人会抱怨自己"朋友太少",但我觉得那样就很好。

有人会因为自己"脸书"上拥有 5000 个好友、"推特"或"照片墙"上有数万粉丝而夸夸其谈,可我反倒觉得他"周围有太多的时间小偷,实在是大事不妙"。

这些人不会区分"朋友"与"认识的人"。甚至将未曾谋面的人都当作"认识的人"了。

没见过的朋友、不认识的熟人。在你实现"去做所有想做的事"的人生过程中,真的需要这些人吗?

你真的需要那些连见都没见过的朋友吗?

多余的人际关系带来的麻烦

被骚扰是人际关系带来的严重问题之一。

说到骚扰,我们首先会想到单恋的人。但是,一些出色的商人变身骚扰者的情况也并不少见。这不仅是对异性,对于同性而言也是一样的。并且与男女关系无关。

也许很多人会说:"真是难以置信,怎么会有那样的事?"

那么,下面我就给大家讲一件我自己的亲身经历。

那是在十多年以前,一位我很熟识的男士在提出"希望合伙经营公司"后被我拒绝了。此后他便开始了对我的骚扰行为,甚至口出恶语,以至于让我开始担心自己的人身安全。

一些做事执着、行动力强又头脑聪明的所谓能人,如果把自己的能力用到工作当中去,将会收获巨大的成功。但一些人一遇到挫折就将失败的原因归咎于他人,从而便会去纠缠某一个特定的对象,或伺机而动,或在社交平台上恶语相向。

一些在现今这个竞争激烈的社会中摸爬滚打的商人们,如果承受了过大的压力,也有可能会不自觉地做出一些骚扰行为。

有些人平时非常成熟稳重,但在高压环境下就会表现出暴躁的一面。也有很多并非源于恋爱关系的"骚扰者"。而且由于现在社交网络平台的普及,不管是谁都有可能遭到骚扰。对此,不管是在虚拟的社交网络上,还是在真实的生活中,建议大家不要制造或尽快切断那些不必要的人际关系。

职场环境中也会出现"骚扰者"。

第二章 能快速成就「想做的事」的人际交往方式

15.

让"麻烦的人"渐渐消失

你的身边有没有下面这样的人?

经常"装作挚友的样子"打来电话;每天都发来一封"您辛苦啦"邮件的同事。

"真想让他们消失!"——如果你有了这种想法,那现在正是时候。

先把你想让他们消失的原因试着写下来看看吧。

比如,总爱谈论自己,以自我为中心;说话时居高临下,态度高傲;任何时候都要主导话语权;明明已经是个成年人,却总爱随随便便地说些"超可爱""太搞笑啦"之类的话。

如果你在交谈时总觉得别扭,那么对方就不是一个必须交往的人。当然也就更不能将其列入好友名单了。这时你需要想想该如何摆脱他们。即使会留下不愉快的回忆，也不必再继续保持联系了。

摆脱他们时，最自然的方法就是渐渐地减少联系，让他们慢慢淡出你的视野。可是，对于执拗的人，一般的方法就行不通了。如果突然联系不上你，他们就会向你们共同的朋友询问你的情况，如果知道你住在哪里，还会寄来信件甚至突然造访。实际上，对自己的人缘非常有自信的人也会做出类似的事情。

至今让我感到最为困惑的，是一些萍水相逢的人。他们会做出非常理解你和支持你的样子，频繁地发来各种短信——"你还好吗？不是感冒了吧？""你是不是太累了？""一个人住真不容易啊。"明明只是在兴趣小组上偶然碰到的，对方却希望和我成为经常联络的莫逆之交。而对我来说，对方仅仅是一个萍水相逢的人而已。双方的想法相去甚远。

这种情况下，最好的解决办法就是告诉对方你很忙。

"我的工作实在是太忙了，即使您发来邮件或打来电话，我也无法回复。"

"我工作太忙了，几乎都没有自己的时间，还请见谅。"

我给对方发送了这些内容来主动结束对话之后，基本上就不会再有联系了。

人际关系中会有很多让人感到棘手的情况。

根据对方的具体情况来选择适当的"淡出"方式使之消失,可以很好地保护自己。

最自然的方式是渐渐减少联系。

机会和财富都是由人带来的,但是……

在"本章的目的"中我曾说过,想要实现"去做所有想做的事"这一目标,你需要 100 个愿意帮助你的朋友,10 个能够教给你有关知识或智慧的伙伴,以及 1 位随时支持你的重要人物。

如果你平日里待所有人都笑脸相迎,亲切友好,大家自然会认为你"人很好",对你"有好感",但同时,这也会给你招来一些麻烦和棘手的人。

所以你需要时时意识到"谁是重要人物""应该优先考虑谁"的问题，否则就很有可能会被卷入纠纷或麻烦中。

我在这里教给大家的这种建立人际关系的方法能够让你快速实现去做"想做的事"，但有时可能会被认为"无情"和"冷漠"。

不过，会这么想的都是些特别容易感到寂寞的人，不管是谁，他们都想要去认识，去交往。

他们不会考虑对方是否方便，只知道按自己的时间安排去行动。

你不会有时间去搭理这样的人。

时间是有限的，而想做的事却是无限的。

现在，你需要的是集中精力去考虑"要为那些重要人物做些什么"。而"吸引遇到的所有人"这种"八面玲珑式社交"的方式，还是等到你取得了个人成就或大获成功以后再考虑吧。比如我就永远不可能将"八面玲珑式社交"作为自己人际关系的准则。

八面玲珑式社交方式还是等成为"伟人"以后再用吧。

超精简备忘术

第三章

秉持"资本家思维"
让你获得财富自由
——实现梦想的本金

Q3：请按顺序写出 5 个让你花钱最多的事物。

①

②

③

④

⑤

第三章 秉持"资本家思维"让你获得财富自由

"想学习财富管理，可是没有钱。"

"想去国外学舞蹈，可是没有钱。"

总是这样，"钱"成为阻碍我们去实现"去做所有想做的事"这个目标的最大障碍。

"① 写下来→② 舍弃掉→③ 集中于"的三步法对于束缚我们人生的重要因素之一的"金钱"也同样奏效。

世上绝大多数人都认同劳动者应获得与其劳动等价的金钱作为劳动回报这一原则。实际上，社长、部长、店长这些人也都是劳动者，他们也是为别人劳动的被雇佣者。就算是日产汽车的原CEO卡洛斯·戈恩也一样。不管赚多少钱，他在出售自己的时间这一点上是不变的，而且一旦出现什么情况还会被开除。所以要尽量去做一个利用他人时间来赚钱的"资本家"，也就是为自己而劳动的雇主。

那么，在"资本家"和"劳动者"之间，你选择哪一个呢？

人生只有一次，你一定会选择去做一个能够运用金钱的

"资本家",而不是一个被当作生产工具受制于金钱的"劳动者"。很多人可能会认为当一个"资本家"难度太大了。可是,现在有很多可以成为"资本家"的方法,比如买股票、投资社区房产、兼职开公司等,你可以先从一些简单的做起。

本章将介绍如何快速实现经济自由的方法。

即使你认为"资本家与我根本搭不上关系",当你读完以后也一定会对成为一名"资本家"提起兴趣,并自然地行动起来的。

1

金钱使用之道——先如实写下来

请你按顺序写出 5 个让你花钱最多的事物。

有记账或记录家庭账簿习惯的朋友们,请不要参考你的账本,只凭脑子里的印象来写。

完成这个清单可以让你认识到自己对金钱的意识,是一项重要的工作。

Q3：请按顺序写出 5 个让你花钱最多的事物。
① 房租
② 手机费之类的通信费用
③ 同事间的午餐或晚间应酬
④ 每晚在便利店里的花销
⑤ 购买后便闲置的图书的开销

上面这些是我的一位做销售的朋友根据他自己的情况写下来的清单。一定也会有朋友一边感叹"用途不明的金额太多了"，一边列出了类似的清单。

花钱的方式会因职业、年龄、家庭构成等各种因素的不同而发生变化。有时也有贷款或教育金这种大额开销，不过只要是有明确目的的支出就不成问题。

你在无意之间花掉的钱有多少？它们会让你的人生一片混乱。

在你列出的清单中，哪些是无意之间花掉的钱？哪些又是出乎意料地上榜了的？

去一一核对这些开销，这是在金钱上实现"去做所有想做的事"的人生目标的第一步。

尊重金钱的意识非常重要。

用"去除无用开销的备忘录"来检验

请再看看你列在清单中的五个条目。对于其中每一条,你都能明确地回答出下面几个问题吗?

- 为了什么?(梦想或目标)
- 为了谁?(客户或家人等)
- 到何时为止?(期限或截止时间)
- 用什么方法?(手段或途径)
- 能带来什么好处?

这里所说的好处,不仅仅是指工作方面的累积资产、搭建人脉、取得职业资格等。即使最后给你带来的好处是"有意义或舒适的环境"也没问题。但无论是哪一种,想要得到好处就必须付出成本。因此,一定要减少"无意间的花销",同时增加有目的性的资金用途。在这个大前提下,臼井式"去除无用开销的备忘录"就应运而生了。最初是因为我察觉到自己用途不明的开销越来越多,于是想出了这样一个方法,后来我将它沿用了很多年,直到现在还在使用。

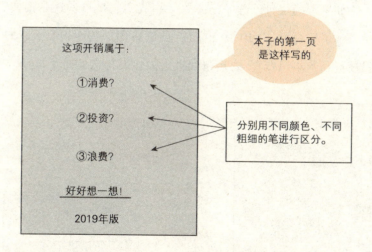

图3-1 臼井式"去除无用开销的备忘录"①

首先,你需要准备一个手掌大小的本子,在第一页写上:"消费?投资?浪费?"在产生购买计划或遇到需要花钱的时候就打开它,好好想想这笔开销属于哪一类。

改变以前"想要→购买"的方式,而根据"想要→记录

→是否必要"的模式,先确认这笔花销确有必要之后,写到本子里再看看——"是消费还是投资?不,有可能是浪费"。

即使是生活必需的"消费",也不要着急,先做个深呼吸,让自己好好想一想——购买方式是否恰当?购买价格是否合适?

仅仅是做一个深呼吸,就能够出乎意料地减少浪费。

如果不确定自己已经花掉的一些钱到底是投资还是浪费,就在本子里写下:"10月30日,英语口语课程3万日元。自我投资,绝不浪费!"之后再回过头来验证其结果到底如何。

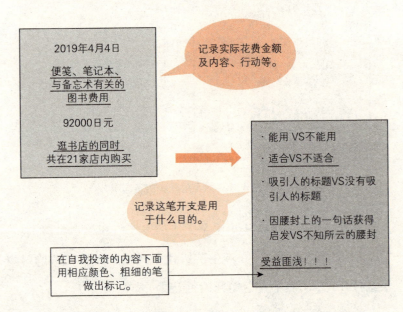

图3-2 臼井式"去除无用开销的备忘录"②

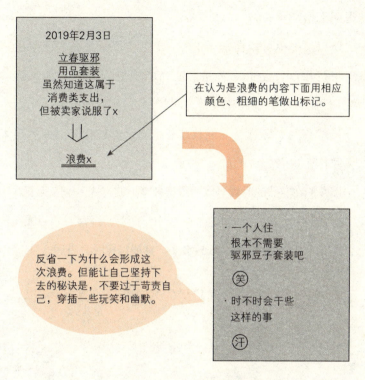

图3-3 臼井式"去除无用开销的备忘录"③

回顾你最近3个月的开销,并按"消费、投资、浪费"这三项进行分类。其结果将展现出你现在使用资金的真实状况。

购买书籍、听研讨会、储蓄理财……这些以自我提升为目的的开销都可以被称为"投资"。但如果投资明显多于消费,那就最好问问自己是不是投资太多了。

虽说消费越少越好,但如果完全没有消费的话,生活就会变得毫无情趣可言。

所以,你也可以在本子上写一句:"每个月在一些兴趣爱好上浪费几万日元也没关系。适当的浪费有助于增加工作动力",要在消费、投资和浪费之间找到适当的平衡。

虽然有些不好意思,但我还是把自己的检验笔记展示出来给大家作个参考。

朋友们在花钱的时候可以运用这种笔记的方式,消除无意之中花掉的"无用之钱",而将这部分钱用作储蓄、理财、学习或与前辈交流等,让它成为能帮你实现梦想、达成目标的"有用之钱"。

有助于实现梦想、达成目标的开销都是"有用之钱"。

从金钱中获得自由的方法——资产

在"本章的目的"中我曾提到,要选择做一名"资本家"而不是"劳动者"。

第三章 秉持「资本家思维」让你获得财富自由

以一名"资本家"的思考方式思考，即，"资本家"思维到底是什么？下面我们就来说一说。

要想成为能够运用金钱的"资本家"，就要以资产而非年收入为标准来思考。资产是指能产生金钱的房地产、股票、生意以及人员等。

只有经常思考如何增加资产的人，才能过上与财富结缘的生活。这不仅仅意味着如果拥有大量存款就可以在关键时刻有备无患，而且还要从下面这两个方面来思考：

- 如果有一大笔钱，将其投入到股票或房地产上，就可以从中获取收益。
- 要让你的工作收入和投资收入共同增值。

如果你以实现"去做所有想做的事"为目标，真正希望自己能过上与财富结缘的生活，那么只关注年收入是没有意义的。最终能够拥有多少资产，才是决定你人生宽度的关键。而"投资"就是让"钱"帮你工作。

是否能用这种思维方式来设计自己的人生，将决定你到底是成为一个受制于金钱的人还是成为一个能运用金钱的人。

重要的是让金钱为自己工作。

4

"调研备忘录"和"灵感备忘录"

我和身为企业经营者的丈夫结婚后,自己也随之成了一个"资本家"。

但是,作为一个"资本家"最大的难处就在于,如果做不出成果就赚不到一分钱。这点与只需按点儿上班工作就能得到收入的"劳动者"不同。正因为如此,学习就变得非常重要。

我在学生时代经常参加勤工俭学和物品回收再利用活动。后来,我一直没有固定的工作,直到33岁成为企业的经营者之前,甚至从没学习过关于"文化、艺术、社会常识"方面的知识。因此,刚刚成为企业经营者的时候,我感觉非常吃力。

第三章 秉持「资本家思维」让你获得财富自由

其中最让人头疼的事情，就是和一些与自己有很大年龄差距的同行、文化人或业界权威进行交流。

自己在二十多岁时对文化艺术毫无兴趣，也不想去学习。可当我想要去向他们多多讨教的时候，却又不知道该怎么去接触这些关键人物。

最终帮我把问题解决的，是读书。以及，"调研备忘录"和"灵感备忘录"。

我当时想，首先应该通过"读书"获得有关经营、法律、日本文化以及他们感兴趣的高尔夫、垂钓、落语（日本一种类似单口相声的曲艺节目，以诙谐的语言和动作令观众发笑）等方面的基础知识。

我给自己设定了一年博览 365 本书的目标。之后，在每天的阅读过程中，遇到不懂的地方就记下来，然后就此进行彻底的调研学习（"调研备忘录"），直到搞懂为止。

如果遇到有用的话题或精彩的句子也记录下来（"灵感备忘录"），并将其熟记于心，直到能够自如地讲出来为止。

优秀人士推荐的图书，我都一一记下，毫不犹豫地去买回来。然后仔细阅读并学以致用。可以说正是这个经历造就了今天的我。

图3-4 臼井式调研备忘录

之后,我迎来了自己的40岁。

在这个到处都是大学生或研究生学历的行业里,我意识到自己因是短期大学的学历而感到自卑。

但是,我并没有选择继续去刷新学历,而是决定去挑战更能证明自己能力的职业资格考试。

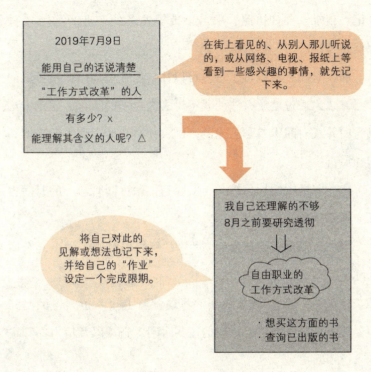

图3-5 臼井式灵感备忘录

仅仅拥有一个资格证书并不意味着成功。对于一个拥有多项技能并能够出色地运用技能的人来说,实际的成果是必不可少的。

于是,通过努力,我顺利地一次通过了宅建士和行政书士(译者注:宅建士全称"宅地建物取引士",类似房地产经纪人。行政书士指代理个人或企业法人同政府部门打交道,处理登记、报批、办理执照、项目审批等业务的职业）等多个国家资格考试。

那段时间，我制订了一套可以让自己在短期内通过考试的学习方法，通过这个方法使我不用去做过多的学习。这个方法成为臼井式时间术及学习术的基础，并被我运用到了后来的写作和演讲中。

你在职场中的地位越高，就会越忙碌，同时学习的时间也就会越来越少。

很多人经常后悔地抱怨："要是年轻的时候多学点儿东西就好了"。

从 33 岁开始，我被迫在学习这件事上投入了大量的时间和金钱。不过我确信，付出的这些时间、金钱以及精力都一定能够得到回报。

学到的东西，都会有所回报，成为孕育财富的资本。

从这个意义上讲，可以趁年轻的时候在学习上面多做些投资。

趁年轻时多多学习吧。

5

"自我投资"能带来无限的投资回报

在信托投资、房地产投资等其他投资过程中，如果不能承担一定的风险，就不能指望可观的投资回报率。而我认为，"自我投资"却能够获得无限的回报。

这是因为，提升技能或知识水平，扩展视野或人脉，能够提高一生的收入水平。一个有价值的人才会被以更高的薪酬雇佣，而且很有可能要不了多久，他便会在企业里崭露头角，成就自己的一番事业，最终取得成功。

与其时刻担心自己的资产投资风险，不如投资到自己身上，提升自身的"市场价值"。这样，年薪就会随之增加，你能够获得的报酬也会增加。这也是一个能够去做想做之事的捷径。

我前面说过，从 33 岁开始，为了让自己具备"能赚钱的本事"，我开始努力学习。而从结果来看，我得到了意外的惊喜。

我曾通过短期学习一次性考过了多门通过率很低的国家资格考试。我将自己的一些秘诀与经验整理成文章发表在杂志上。继而开始在杂志上连载→受邀到一家有名的职业资格培训学校进行演讲→受聘为该校的顾问→写了一本关于学习法的书→登上畅销书榜→而这又为我之后成为一名作家奠定了基础。

此外，由于我对法律知识有了更深入的了解，因此在谈判方面也更加得心应手，不容易再被感情左右自己的判断，能够更有逻辑性地解决问题。

我通过"自我投资"提高了自己的市场价值，增加了接触关键人物的机会，这不仅让我成了一名真正的经营者，也实现了自己一件"想做的事"——成为一名作家。

自我投资虽然需要投入"金钱"和"时间"成本，但能收获可以让人忽略这些成本的巨大回报。

若想实实在在地使资产增值，进行自我投资是一种最基本的方法。而且，投资给自己的每一分钱都不会被辜负。

通过"自我投资"提高自己的市场价值，从而实现自己"想做的事"。

第三章　秉持「资本家思维」让你获得财富自由

6

把书读成"学习笔记"

在自我投资中最为有效的事情就是投资书籍了。

一本 1000 日元左右的书中精炼了一位专家的智慧，我们可以多次反复吸收其精华。没有比这更棒的事了！如果你能将那本书当作一本学习笔记来使用的话，则可以将这些知识变成你自己的智慧。

具体来说，就是在读书的过程中写入一些感想——"要是我的话会这样做""这种方法我没有同感""还有这种做法？"——同时在书中相应位置处加上◎、○或×等标记。这样做就能使书中的知识渐渐地变成你自己的智慧了。

让书籍成为印钞机的关键就在于，手持书本的你能将从书籍中获取的知识多大程度地运用到实际中。

有一种说法叫"读过的书决定了你的本质"。

我最初接触商业书籍是在自己 33 岁那年的 4 月份。而当我边读边写感想地通读完那一本书时，已经到了 6 月份，那时我的相貌已经有了明显的变化。面对镜子时，我看到了一个充满自信的自己。记得当时周围好几个朋友也这样问过我——"发生什么事了吗？"然后我趁着有这种好状态，在一年之内读完了 1017 本书。书本一刻不离手，只要一有想法就马上记下来。

当时，作为一个亏损企业的经营者，我手头没有什么钱，不过也并未因此吝惜在书籍上的投资。结果，到了第二年，我的公司就扭亏为盈了。而不久之后，我的年收入也达到了"书籍投资的 10 倍"之多！这绝不是偶然。

为了能"去做所有想做的事"，我将年收入的两成拿出来用于读书。

如果你认为"那太浪费了"，那么你很有可能一辈子都会受制于金钱。

读书量与人生的充实度是成正比的。

第三章 秉持「资本家思维」让你获得财富自由

7

做减法也是一种自我投资

如果你认为自我投资就是自我提升,那么也有可能走上另一条路——为了给现在的自己锦上添花而开始一项新的兴趣、技艺或学习。但这就好像是在度假酒店吃自助早餐一样——视线在琳琅满目的盘子间游移,你哪个都不想放过,结果盛了太多的东西,最后吃不了造成了浪费,或吃得太饱导致身体不适。我们做事情不能超出自己的能力范围,不能眉毛胡子一把抓。

首先要做的是重新认识自己的工作、人际交往以及个人生活。

让我们用"① 写下来→② 舍弃掉→③ 集中于"这三步法来实践一下。

有些上班族下班后会花钱去参加外语培训，去健身房锻炼身体，与消息灵通的人共进晚餐，或参加跨行业交流会等活动。也有一些女性朋友会在美容院、美甲沙龙、瑜伽馆，或是减肥瘦身上花掉大把的金钱。

如果把这些都叫作"自我提升"的话，那看上去确实很光鲜，但如果参加这些活动只是为了参加而参加，之后却没有在自己身上得到活用的话，那么就成了对时间和金钱的浪费。

自我投资不仅仅是"给自己做加法"。

通过"给自己做减法"来消除浪费也是一种漂亮的自我投资、自我提升的方式。

生活习惯造就了今天的你。所以，打磨生活就是打磨自己。

我经常看到有些人说要"自我提升"，于是花很多钱去涉足文化修养、品味、美容、健康等多个领域。

但如果不能有意识地将金钱、时间和精力投入到自己身上，那么就不是"自我提升"，而是"自我消耗"，最终也只是乱花钱罢了。

你的"自我提升"是投资？还是浪费？

8

人也是一种重要的资产

资产并不单单指金钱，人也是一种重要的资产。

想要成为一个能"去做所有想做的事"的人，需要从年轻的时候就养成一种习惯——展示出自己能带给别人什么好处，同时思考能从别人身上获得哪些好处。这样，你收获的人际关系就能够成为属于你的重要资产。

在人际交往方面的投资上，花钱向一流的人学习也是很重要的一点。

这里所说的一流的人，需要满足下面两点。

① 一边教一边学的人

一边传授一边不停学习的人。即使做出成绩以后仍然不停止学习，不断地深化自己的理解，并将自己的理解通过书籍、演讲、付费电子杂志以及社交平台等渠道持续地进行输出的人。

② 正在各自行业中拼搏着的人

以往的成功经验和方法并不是毫无用处，但它们容易被美化而渐渐变成束缚自己的东西。所以，在想做出成绩的领域里，生龙活虎地拼搏着的人才堪称一流。

大多数人都有一个坏习惯——看到在地位、环境、经济上都不如自己的人就会觉得踏实。在与这样的人交往的时候，我们会误以为自己很"优秀"，于是便安于现状，不思进取。如果人没有了上进心，不仅把握不住机会，甚至连机会来到眼前都看不见。

如果说你身边就有这样的人，建议你让他渐渐淡出你的交往圈子。

花钱去向一流的人学习。

9

借助备忘录来孕育财富

前面我们主要讲了一种方法——首先将自己的现状写下来（备忘术），然后再去消除金钱上的浪费。

当然，不仅仅是"舍弃"，备忘术还有"产出"金钱的能力。

记备忘录的工具可以根据自己的生活方式来决定。写在笔记本、手账、便笺、备忘手册，甚至是杯垫或广告页背面都可以。用手机录音功能也是没问题的。

重要的是，一定要记下是在什么时间、什么样的情况下写的。

记备忘录一定要有一个理由或起因。在我们回看备忘录的时候，如果不清楚这一点，那么它就变成了一张潦草的笔记或草稿，而不能成为财富的源泉。

备忘录就是要让人一眼就能了解它的具体内容。

一条备忘录必须要能够唤起记录当时的情景、心情、甚至氛围感。

比如说，如果你只在本子上记了一条"6月13日（周四），玻璃·考察。"这样的备忘录，之后会怎么样呢？也许过了3天以后再看到这条备忘录时，你会奇怪地说："哎？我写的这个'玻璃·考察'是什么意思来着？"

然而，若当时之所以会写下这条备忘录是因为"看到了某个公寓由于阳台坠物造成了人员受伤的新闻"呢？

于是，你因为这样一条新闻突然想到"现在很流行在阳台上BBQ呢"，进而又想到"如果有一种方便在户外使用的既结实又漂亮的红酒杯应该会很不错"！

是的，备忘录就是要写得这么具体才好。这样的话，就有可能将备忘录中的这个构想进一步推进——先进行预估，然后讨论成功的可能性，进而实现商品化，最后再到销售——即便最终没能实现，也可以获得一次以一条具体的备忘录为基础将想法付诸行动的经验。

有具体内容的备忘录都是有价值的。

有具体内容的备忘录不仅能够转化为有价的商业构想，更可以实现经验的累积，为你能成为一名成功的商务人士打下一个的坚实基础。

拿我自己的亲身经历来说。我第一次登上畅销榜的那本书——《效果立竿见影！大忙人的学习术》出版于 2005 年 3 月。大概在这一年之前的时候，我经常在备忘录中记下这样的内容："越忙的人越学习""成年人学习的好处和弊端""职业资格是职场上的武器"等。其中的很大一部分后来便成了这本书中的一个个小单元。感想越强烈，记下的备忘内容就越具体，而有具体内容的备忘录最终成就了我的这本畅销书。

当然，也有一些是因为无意间看到了一些事物而记下来的备忘录。但有了那时的经验之后，我在记备忘录的时候一直牢记"备忘录有其自身的价值""备忘录是财富的孵化器，日后很可能会派上大用场"。

写备忘录时请牢记：这条备忘录是孕育财富的孵化器。

"令人耳目一新的备忘录"记录技巧

"孕育财富的备忘录"能带来不断产生金钱的良性循环。

假如有一个任务:在 10 月 10 日之前给一款"计划来年开春 5 月发售的饮料"想一个商品名称。

那么,现在我们有了实物——商品样品和一个具体的时间——明年 5 月。

我的做法是,从这两点出发,把所想到的名称都写下来。先尽量多想一些,把能想到的全都写下来。

然后结合销售价格、公司形象等因素综合考量,选出 5 个较适合的候选名称。之后再向周围的男女老少至少 50 人征求意见——"喜欢哪个""为什么"。最终,将那个最受欢迎的商品名称作为方案提交给公司。

不过，这些大家也许都会。然而我在记下能想到的所有名称时还有一个诀窍，那就是，我会选择那些更有可能让媒体免费宣传，以及日后有望拓展成为系列产品的商品名称。

比如，"清凉舒适水""美丽水""零下5度水"等。这些名称让人一看到就能触动各种感官——使人心情愉悦；让人觉得清凉解渴；使人感受到美丽与年轻的魅力。这些名称如果未做商标注册就投放市场的话，会立刻因仿冒品的出现而被媒体大肆报道。在选择商品名称时，要考虑到它是否具有这样的新闻性（这里只不过是举个例子，根据《药机法》的原则，其中有一些很有可能会被驳回）。

而由此带来的一个效果就是，畅销产品将成为企业的招牌，提升企业知名度，从而扩大市场。

"借效果来赚钱"也有波及效应的意思。进而，为了无限扩大波及效应，还可以在包装上稍稍花些心思，通过在样式设计中加入地区特色以及季节限定款式等方式，让这种效果一直持续下去。

创造出一个财富的源泉，进而去赚更多的钱。

如果从"借效果来赚钱"的角度去研究畅销商品或服务的话，就不难想到该用怎样的方法去销售、该如何去吸引顾客。

反过来说，如果具备这种"借效果来赚钱"的思维，那么你也能够创造出很多畅销商品或服务。

练习借效果来赚钱的思维。

拥有自己的"商品"便可获得 3 种自由

在这章的最后，想跟大家分享一个我私藏的实现财富自由的方法。

它也是一个能让你去做想做之事的最好方法。

那就是拥有属于自己的"商品"。

如果你提供的商品或服务能够获得消费者的接受和支持，并且是有益的，那么你的收入就会不断增加，然后用盈利再次进行投资，如此循环往复，便能让金钱为你工作。最终，达到钱生钱的效果。

第三章 秉持"资本家思维"让你获得财富自由

如果你能创造出有价值的"商品",就有可能实现如此生机勃勃的财富循环。

"我只是个公司上班族,何谈商品……"
"我不可能造出什么商品。"
"这肯定需要很多资本,不可能的!"
你可能会这样放弃,但其实不必想得这么复杂。
所谓商品,其核心是"创造力",也就是"想象力"。
它不必是一件已经包装好的成品。

假设你有一个拥有5000位读者的博客账号。

那么你在这个博客中向读者推荐某些商品、图书或服务时,如果有人购买了,你就会获得相应的报酬。

在这种情况下,商品和服务就并不单单指你介绍的那些东西。

读者由于你的介绍而产生购买行为,这时"你的影响力"也成了一种商品。

当然,首先你必须根据你的博客中读者的数量及其层次选择适合的商品或服务。并且,你的博客的主要内容必须充实,对读者要有足够的吸引力才可以。

比如,介绍一些面向白领阶层的图书,普及一些企业经营者必备的税务知识，最新的 IT 应用法，以及对个人大有裨益的补助金领取方式等。

现如今，任何人都可以通过互联网及社交网络平台学习到"商业模式"。

没有库存风险，不需要仓储空间，不必操心物流和收款。

在这种低风险的条件下，不用说企业经营者和私营业主，就连普通上班族、家庭主妇，甚至是退休职工都能够在金钱、时间及工作方式这三个方面获得自由。

所谓商品，其核心是"创造力"，也就是"想象力"。

超精简备忘术

第四章

不被物品束缚的人生
——只保留与人生目标或幸福有关的物品

Q4：请按顺序写出 5 个你最珍惜的东西。

①

②

③

④

⑤

第四章 不被物品束缚的人生

物质极简是舒适生活的基础。要想"去做所有想做的事",实现这种内心富足的人生,就不能忽视这个基础。

拥有过多的物品,就需要更多的收纳空间,付出更多的时间、精力,以及花更多工夫去维护保养,等等。这样就会被过多的物品束缚住手脚。

人受制于物品,这种事听上去是不是很奇怪?

家里到处都是用不着的东西,办公室堆满与工作无关的东西……人在这种混乱的环境中是无法集中精神的。有些人总是在零乱的桌面上翻找东西,或者好不容易从塞得满满的衣柜里挑出一件西装,结果却因衣服满是褶皱根本没法穿……在这种状态下,你可以用来去做想做的事的时间就会越来越少。

虽说如此,但这里并不是在建议大家去收拾整理或进行所谓的断舍离。

因为,对人生的目标或对事物的感受因人而异。对一些工程师来说,也许办公室越零乱就越能激发出他的创造力,想出绝妙的点子来;而对一些企业经营者来说,如果物品放置的位置稍有不同,可能他就会走神,提不起干劲儿来。所以,"只保留与人生目标或幸福有关的物品"——以此作为准则来思考是非常重要的。

在本书的最后一章中,我们就来聊一聊如何巧妙地舍弃过多的物品或信息,创造出一个最适宜的环境,使你能在最短的时间内做出最出色的成绩。在这部分中,我们也同样先从"写下来"开始。

先将重要的东西如实地写下来

请按顺序写出5个你最珍惜的东西。

因为重要的东西太多而纠结的朋友,想到哪些就写出哪些。

无法给这些重要的东西排序的朋友,就请按照"不能没有它"的标准,将最先想到的5件东西按顺序写下来。

Q4：请按顺序写出 5 个你最珍惜的东西。

① 健康

② 与周围人的关系

③ 不断学习的态度

④ 爱情

⑤ 金钱

这是一位 30 多岁的女性朋友列出的清单，她就职于被称为公司门面的宣传部门。

最初，我们以"物质的东西"为题询问了很多人，后来将题目改为"珍惜的东西"再次询问大家。

·环境

·人际关系

·生活方式

……

以上的选项被加入到了清单之中。看来大家都认为，人生的目标并非是物质性的。

事物并不仅限于那些"有形的东西"。

很多时候，人生目标或幸福常常与一些"无形的东西"

有关。

为了"去做所有想做的事",快去搞清楚到底什么才是你人生中真正需要的东西吧。

人生的目标或幸福常常与一些"无形的东西"有关。

2.

检查清单内容,弄清什么东西该舍弃掉

清单中你列出的 5 件重要的东西真的与你的人生目标或幸福有关系吗?

如果你立刻答道:"当然了!"太棒了!看来你非常了解自己的人生目标和幸福的意义。

"虽然重要,但不确定是否必要"——即使你持这种想法,也很棒!这说明你有很强的问题意识,有上进心才会有烦恼。

无论有形的还是无形的,各种各样的东西都在包围着我

们，同时也构成了我们的日常生活。从出生到现在，我们周围到底有过多少东西呀？

可以确定的是，一些在过去必不可少的东西，现在却变得没那么重要了，甚至大多数连存在过的事实都已被遗忘了。

随着我们的成长，"重要的东西"也在不断变化着。而且是必须要变。

人们会时常回味那些或光鲜或挫败的往事。可是，只有认清对于现在的自己来说什么是最重要的，果断地舍弃那些与自己的人生目标和一生幸福无关的东西，才能打开人生的新篇章。否则，就无法迈上下一个台阶。

请你从这个观点出发，再重新检验一下你写下的清单。

如果里面有该被舍弃的东西，那就赶快擦掉它，让自己的精力集中到那些真正重要的东西上去。

要舍弃一些曾经重要的东西，有些朋友可能会有负罪感，觉得很为难。

这种心情我非常理解。因为我也曾有过这样的体会。

因此，在本章中，我也会告诉大家如何能爽快地舍弃那些东西。

现在就结束那种被物质所束缚，无谓地消耗时间、精力和精神的生活状态吧。

身心轻快地出发。

如何在选择物品时不受制于物欲

"会耽误人生的东西是什么？"

写这本书的时候，我曾向 30 位朋友提出过这个问题，得到的回答基本上都是药物、酒精、赌博，或其他一些会让人成瘾的东西。

虽说对这些东西的过度依赖是摧毁人生的**罪魁祸首**，但在你的内心深处还隐藏着某些会对你的人生产生负面影响的东西。

是什么呢？没错，就是物欲或占有欲。

这种欲望如果能正常地发挥作用，可以激发你工作的积极

第四章 不被物品束缚的人生

性或原动力。

但是，如果这种欲望超过了限度，结果就不只会产生浪费，还会让你家中或办公室堆满各种束手束脚的东西。最终只会离自己的人生目标和幸福越来越远。

不管是多么重要的东西，都要在能力范围内去管理好它。这是与那些不会耽误人生的东西的正确相处方式。

虽然我总说"想活得一身轻松"，但也喜欢物质的东西。比如，我特别喜欢笔记本和备忘手册，当然也不会一看到它们就买。

我更愿意多花些时间和精力去发现自己的真正所好，并享受这个过程。我认为，这样做能够让人在做选择时不被物欲所左右。

还有一点也非常重要，那就是，所有的物品都要遵循实用主义原则。

最好是能少而精地选择一些每天都会用到且让人越用越喜欢的方便实用的物品。

严格贯彻少而精的原则。

4

注意！物品也会散发负能量

不仅是食品，物品也有"有效期"。

西装穿旧了，名片夹褪色了，可因为是昂贵的名牌货便觉弃之可惜，殊不知这些过时的物品是没法给人提供正能量的，留着它们也是徒劳无益。

执着于物欲的人大多自尊心不强，希望通过物欲来满足自己。由于缺乏自信，他们希望能通过拥有昂贵而高级的物品来证明自己是"优秀的人"。因此，他们总是倾向于保留一些没用的东西。

问问自己当下是否需要，然后进行选择取舍。

对物品的选择取舍要以当下为标准。

放弃不必要的物品，能让人心情舒畅。

家中堆满没用的东西，办公室里随处是用不着的书和与工作无关的物品……不管是有形的还是无形的，所有这些东西都会消耗你的能量。

它们不仅会让你烦恼，还会不停地散发负能量。

有些东西还从未用过，所以不舍得丢掉。但你可知这些东西代表着你对过去的执念或不舍，它们中藏着阻碍你成长进步的负能量。

现在开始，下决心清理那些用不着的东西。丢掉时，最好抱着感激之情对它们再说上一句："感谢你一直以来给予的帮助，辛苦啦！"

这样做不仅可以缓解你扔东西时产生的愧疚感，而且（我认为你的感谢）也能带给这件物品一股正能量。

放弃没用的东西能让人心情舒畅。

"更新换代"的选项

与物品告别的方式有很多，比如：

- 扔掉（表示感谢之后告别）。
- 转赠给有需要的人。
- 循环再利用。

……

不过还有一个选择就是"更新换代"。

有些东西虽然觉得还有用，可一直留着它又会让你感到灰心丧气，或者已经不适合现在的你了。对于这些物品，我们就要进行"更新换代"。

拿上班族必不可少的西装来说，你在刚入职时买了一套西装，后来你成了公司的骨干，那么即使体形没发生太大变化，当初的那套西装也不一定再适合你了。而如果你已身处管理岗位，那就更需要通过穿着彰显你的自信与信誉。

若以现在的身份作为标准来选择的话，你一定会重新选购一身与自己的职责相称的新西装。还有衬衫、领带、皮鞋、手表、商务皮包等，这些也是能够彰显工作态度的物品，所以和西装一样，也需要定期更新。

不少女性朋友家里有很多套装、鞋子、包和首饰。如果你发现某件服饰明明以前穿戴起来会让你整个人容光焕发，可现在却感觉不适合了，那就说明它已经失去了"能量"，是时候

第四章 不被物品束缚的人生

该处理掉去换个新的回来了。

以前，我家里充斥着大量带有"凯蒂猫"元素的东西。这其中不光有我自己买来的，还有很多是读者朋友们赠送的礼物，所以这类东西越来越多。

每当我疲累或难过的时候，看到这些"凯蒂猫"就会感觉舒服多了，而且还会油然而生一种幸福感。"凯蒂猫"们主要以毛绒玩具居多，数量足足超过两百件，使我的家看上去就如同一个"凯蒂猫之家"。

即便这样，因为我当时很喜欢，所以从没想过要处理掉。可后来，随着年龄的增长，终于我自己渐渐觉得它们不适合我了。

于是，趁着搬家的机会，我就把它们全都转赠给了想要的朋友们，让它们都派上了新用场。

为了替代"凯蒂猫"，我把在银座一个画廊中展出的一幅小猫作品买了回来，挂在自家的起居室中。

这次更新换代让我的房间瞬间清爽起来，自己的心情也跟着轻快起来。

就好像新家中充满了"美好的气氛"一样，我的工作和生活也因此而好事连连。

得到一个，就扔掉两个。

上面这句话是我在给物品更新换代时遵循的原则。如若不然,即便能做到新旧更替,却无法减少物品的数量。遵循这个原则,你便会更加珍惜新得到的物品,而家中因此空出来的多余空间里则会积聚起新的能量。

像更新电脑软件一样定期更新物品。

物品的养护要达到使之焕然一新的程度

现在,我们会去清理没用的东西,或进行更新换代。而通过这样做最终留在我们身边的物品,一定不能忘记要经常保养它们。

我好像听到有人在说:"这样做不还是被物品捆住了手脚吗?"但其实对于那些重要的东西来说,我们一直以来都在不自觉地进行着"整理、维持、保养、检查、修整"等工作。

第四章 不被物品束缚的人生

经常出门的人，一定会经常保养自己的皮鞋，把它擦得锃亮。

由于电脑键盘和屏幕非常容易落灰，为了让它们保持光鲜亮丽，大家一定会经常擦拭它们。

同样的，厨师会将自己的赚钱工具——菜刀磨锋利；理发师每天都会擦亮自己的剪刀或剃刀。

穿制服工作的人绝不会身着皱皱巴巴的衣服立于人前。

对于这些与工作有关的东西，或对工作有象征意义的物品，我们平时都会自然而然地慎重对待。

在这里我有一个建议——在工作、家务及个人生活中，希望你能对那些与你的人生目标或幸福息息相关的东西认真地进行"整理、维持、保养、检查、修整"。

建议你对它们给予特殊对待，使其达到"焕然一新的程度"。

这样做不仅仅是一种物理上的保养，它更能使人看清自己是否偏离了人生目标或走在追求一生幸福的路上，也是对自己成长过程的一种确认。

对于我这个时刻牢记"时间就是生命"的人来说，平日里最注意保养和维护的东西就是手表。

考虑到自己的年龄和身份，目前我一共有 5 块手表。我平时会根据不同的工作内容或对象而选择佩戴不同的手表。回到家之后，我会马上把表摘下来收进盒子里或挂到表架上，并用柔软的布擦拭表带。当然也会定期把它们送到店里进行维修和保养。

手表经过一整天的佩戴，沾染了大量的汗液和皮脂，上面的污垢比你想象的还要多。

我曾在一次商务谈判中碰到过这样一位对手，我注意到，他佩戴的手表表带已然发黄变色，于是不禁开始质疑他的卫生习惯。同时还想到，"他连手表都无暇顾及，就更不要说内心修养（或赚钱）了"。因为对他产生了怀疑，所以最终我打消了与他合作的念头。

实际上，那个人所经营的公司在半年之后就倒闭了。

人们对与自己工作息息相关的物品疏于养护，也会导致所经营的商品或服务的质量下降。这是我与众多企业经营者和商务人士接触后得出的结论。

对物品进行维护保养也是一种对自己成长进步的确认。

第四章 不被物品束缚的人生

7

有形的物质不如舒适的环境

如果让你只选一件最重要的东西,你会留下什么呢?

如果是我的话,比起自己特别珍视并时常进行养护的手表,我反而会选择舒适的环境作为最重要的东西保留下来。

当然我也是有占有欲的,不过对我来说,写作才是真正该毕生去追求的事业。

所以,为了能将这项工作一直干下去,我认为最优先考虑的,应该是创造一个可以保持身心健康并能顺利开展工作的环境。

请你试想一下这样的情景:一个讨厌烟味、反对吸烟的禁烟派,由于优厚的报酬和待遇而不得不同一群吸烟者一起工作。在这样的工作环境中,即使这个人不考虑吸烟对健康的影响，也不可能有什么大的作为。徒有一身的本领，却无法发挥出全部的才能。

而对一个爱抽烟的人来说，如果公司里上上下下都严格禁烟，他只能趁午休的间隙到公司外面才能抽上一支。可是，这种身心放松的时刻也只有那么短短的一瞬，而由于不喜欢烟味的人非常反感那种味道，他在回到办公室以后还要忍受同事和上司的白眼。在这种环境下工作，这个人心情该有多糟糕啊。

不管是哪种情况，你一定都渴望有一个舒适的环境吧。

若想展现出自己的最佳状态，就要创造一个舒适的环境。

不仅是对我，这对所有上班族来说都是一件头等重要的事。而我会为了创造一个舒适的环境做到下面两点：

① 整理办公桌周边

为了能让自己心情舒畅地工作，我的办公桌上只放电脑、鼠标和鼠标垫。而且我还选了最小型的办公桌，甚至连抽屉都没有。这个技巧连不会收拾东西的上班族都可以用。

② 将工作场所移至阳光明媚的地方

我把家（书房）从东京市内搬到了阳光明媚的热海。

选择热海的原因之一是那里有温泉，泡温泉可以为我缓解

第四章 不被物品束缚的人生

因长时间写作造成的肩膀和腰部不适。还有一个很重要的原因就是，这里有绝佳的自然风光，而且作为生命之源的"水"也格外甘甜可口。

有的朋友可能会说："哇哦！真令人向往啊！可是我肯定办不到。"

考虑到还要上班上学，这种搬离市中心或大城市的做法确实不现实。那么，我们换个角度考虑一下如何？

如果你是一位住在城市里的上班族，那么就试着去养成早睡早起的习惯。

有的人早上睡懒觉，起床后没有时间吃早饭就匆匆忙忙去上班；另一些人则早睡早起，有充足的时间好好吃顿早饭，享受一个悠闲的晨间时光。这两种人在身体状态和头脑敏捷度上都会表现出相当大的差异。

调整生活节奏不仅对我们的身心健康有好处，还能让人享受到清晨怡人的空气和赏心悦目的风景，即使身处大城市也能感受到大自然的气息。而最后，工作动力也会被激发出来。

虽然我认为舒适的环境要比有形的物质更重要，但要从事写作工作，一台值得信赖、品质卓越又耐用的电脑当然也是必不可少的。

电脑是我与手表同样珍视的有形之物之一。开机和关机时，我都会怀着敬意说一句："你好，今天也辛苦啦！"

这也算是一种创造舒适环境的方法。

对你来说，舒适的环境是什么样的？

马上扔掉商品广告和购物小票

对于我来说，仅仅是整理日常工作中使用的文件就已经很费劲了，更别提还要花费精力和时间去应付那些不断寄来的广告邮件。

我每天回到家的第一件事就是处理被塞进信箱里的邮寄广告。做这件事并没有什么复杂的方法。对于邮寄广告，我基本上是全部扔掉，仅此而已。

有的广告上有熟悉的店员的亲笔签名，有的则附赠了试用装。很多人看到这样的广告会想"暂且先收下吧"。

但我的做法是，从信箱中取出后立即一个一个打开确认，并当即对"需要与否"做出判断，确定不需要的马上扔进旁边的垃圾桶。

犹豫不决的时候考虑 3 秒做决定。不过根据我的经验，一般"犹豫不决的最后都会扔掉"。

我碰到装有信用卡明细单或房租水电之类的缴费明细单的信函也会当即拆开查看，如果里面附带了活动介绍或推荐之类的宣传页，就和邮寄广告一样当场处理掉。然后立刻确认一下明细单的内容，如果没有问题就放到活页夹中保存 5 年。

除了医疗费扣除信息等需要用于税务申报的情况以外，所有的收据我都会马上扔掉。

我会把来自朋友或熟人的明信片或广告和信件一起带回家再看。

也有些人认为，在进行收纳整理之前，首先要准备出保管物品的空间。但我不同意这种观点。从我自身的经验以及周围朋友们的例子来看，即使事先准备好了收纳空间，但也很少有人能够严格按照"先入先出"的原则将所有东西按时间的先后顺序进行认真清理。而多数人的做法是，当收纳空间被填满，因为觉得一件一件地收拾清理太麻烦，索性就直接全部扔掉了。要是这样的话，还不如从一开始就扔掉呢。

只有这样，我们的办公桌周围才不会有多余的物品，才能心情舒畅地工作。

不必为信封、明信片、邮寄广告准备"收纳空间"。

有用的文件也只保留 1 个月

我平时遵循"邮寄广告类马上扔掉"的原则，即使是觉得有用的文件、印刷品或信函，除了极少的一部分以外，也只保留一个月。

即便是我认为有用的东西，也最多保留一个月之后再来进行筛选。

但我并不是说"不管什么，扔掉就好"。我判断文件或信函是否需要扔掉有一个标准，即"能否使自己兴奋起来"。我就是仅凭这一点来判断的。

于是，一个月以后得以保留下来的，就只剩下读者朋友们的来信或明信片和来自不同行业朋友们的信函了。

从读者朋友们的来信或明信片中，我能够获得大量具体的启发。比如，读者对作品的感想或疑问，把作品中介绍的方法进行实际应用后的效果，以及读者们期待我今后写哪些方面的书等。

而来自不同行业朋友们的信函中则往往会透露出一些我自己无法了解到的信息，所以即使时间超过了一个月，我也很珍视它们。这类信函之后一有机会就要去翻看，然后把其中有益的部分应用到自己的工作当中去。

除此之外，电脑也需要清理。每次打开电脑中的文件夹、邮箱或相册时，我会立即删除那些已经没用了的文件、邮件或照片。对于电脑中保存的自己以前的书稿也是一样，已经出版成书的就立刻删除。而图表或调查问卷这些具有时效性的信息，如果我已经写入书稿中或发布到社交平台上了，也会立即删除。

正因为如此，我的电脑里面是非常干净清爽的。

虽然电脑能够储存大量的信息和文件，但如果超过了限度，以致自己都搞不清什么信息储存在哪里，如何使用，那么我就不会保留那些过量的信息了。

因为我希望电脑和大脑能够联动起来工作。

留出一个月的犹豫期对信息进行筛选。

不能出现在办公桌周边的物品

我曾去拜访过一位高管,发现他的办公桌上摆了一排罐装坚果。我觉得奇怪,于是问他原因。他说:"这是我在美国工作时养成的习惯。"每当他在工作中遇到想不出主意、写不出企划,或状态不佳的时候,就会吃些坚果,稍微转换一下心情。

我也喜欢吃坚果,它们是啤酒或红酒的最佳拍档,我家中常备各种坚果。不过,看到一边工作一边伸手去拿零食吃的上司或下属,你会有什么想法?

你一定不会认为他们是工作能干且值得信赖的吧。

第四章 不被物品束缚的人生

再说，进入中老年以后，人们会更加关注自己的健康。很多人都会去购置足底按摩仪，健康食品和各种维生素补充剂也摆上了桌子。

的确，若想继续长期打拼下去，就必须保持并增进身心健康。但办公桌是工作的圣地，我认为与工作无关的东西是不能踏足这里的。

除了坚果，还有饼干、糖果、巧克力、别人送的各地特产、各种冲饮、瓶装饮料、药品、漱口水、牙刷、牙粉、毛巾、镜子、润唇膏、家人照片及宠物照片等。的确很多人的办公桌上满是这些与工作无关的东西。

虽说我们每天大概要在办公室待上 8 个小时之久，但我认为连能够满足住宿所需的日用品都准备齐全，未免有点儿不合适吧。

我认为，虽然无论男女注意仪容仪表和礼貌礼节是一位白领值得被称赞的素质，但这并不是在工作中该被最优先考虑的部分。

一些确实需要的东西，我们就把它放在包里或透明的盒子中，置于抽屉中固定的位置。

否则，很容易给人一种你不能专心于工作的印象。

办公桌是个圣地，不要放置多余的东西。

11

让办公桌变成驾驶舱

最容易被人质疑工作专业性的事情,莫过于丢失文件或物品了。即使最终幸运地找到了丢失的东西,但在寻找的过程中也会浪费掉很多时间和精力。

其实,只要我们将办公桌周围妥善地收拾清理一番就能避免这种失误,但真正愿意这么做的人却少之又少。

"零失误办公桌"的理想状态就是成为飞机驾驶舱的样子。

我曾经参观过一次飞机驾驶舱内部。进入驾驶舱的那一刻我瞠目结舌,数百种仪器仪表排列得井然有序又毫无冗余。

我不了解飞机驾驶的相关知识,就算听了关于仪器仪表的使用说明,也还是"丈二和尚摸不着头脑"。不过,让我印象非常深刻的是,在紧急情况下,飞行员能够迅速而精准地操作仪器,并准确无误地采取适当的行动。

自那以后,为了尽量不在找东西上费时间,我一直在努力"让办公桌变身驾驶舱"。

若只是弄丢了个人的文件或物品还好说,但在工作中,一般都会有合作伙伴,有时我们还会接触到一些不能公开的机密信息或是秘密进行的项目。如果是弄丢了某个进展中的项目企划书、文件、调查问卷,或替客户保管的样品等,则会影响到整个公司的信誉。

所以我认为,即使是出于防范类似情况的考虑,"让办公桌变身驾驶舱"也应该成为商务人士的一项最重要的课题。

"让办公桌变身驾驶舱"的第一步就是"整理"。

所谓整理,就是把没用的东西扔掉。

如果仅仅是把桌面收拾干净了,而抽屉里仍然被各种文件塞得满满的,那么这就不叫"整理",只是"收起来了"。"整理"要从扔东西开始。

经过整理,只留下了必需的物品。然后下一步就是"收拾"。

所谓收拾,是像飞机驾驶舱那样,将所有物品摆放或收纳到明确且便于取用的位置。也就是确定"物品的固定位置"。

不过，在已经功成名就的名人当中，也有很多人的办公桌离"驾驶舱"的标准相去甚远。

比如，史蒂夫·乔布斯（苹果公司创始人）和马克·扎克伯格（Facebook 创始人）的办公桌周围摆放着照片，不论怎么说也谈不上干净整洁。

而物理学家艾尔伯特·爱因斯坦、小说家坂口安吾，甚至是美国政治家艾伯特·戈尔，他们的桌子也都是混乱无序的。但如果只是一些照片或资料，好像也没有什么与工作无关或可称之为垃圾的东西。

听说作家松本清张是将所有需要的物品全都摆在桌子周围，并在那里与编辑们开会的。

这些都是他们自己独特的工作方式，也是他们提高工作效率的一种方法。

之所以在那种环境下也能做出成绩，是因为看似散乱的桌面也有其固定的规律——常用物品放在上面，不常用的放在下面。

散乱的桌面也有它的秩序。

让办公桌变身驾驶舱是商务人士的一项至高守则。

12

最后拥有的只有自己的身心

能在各行各业中长期坚持打拼的人，大多给人以年轻而朝气蓬勃的感觉。

而不论男女，那些身材苗条、皮肤光滑、头发浓密亮泽的人，总让人猜不透实际年龄。

那么他们到底为什么能拥有美丽身姿呢？

当然，其中一个原因可能是他们"在这方面投入了金钱"，不过原因绝不止这一个。

那些长期坚持打拼的人明白金钱的真正价值，并知道如何充分恰当地使用它。同时，他们也把自己的身心健康看得跟金钱同等重要。他们深谙"身体就是本钱""健康就是财产"的道理，精通各种健康信息，甚至有很多人堪称美容达人，他们不惜在身心保养上实实在在地花钱。不管工作有多忙，他们也不会疏忽日常保养。

有些人在"身心保养"上倾注的心血不亚于全力工作时的程度。

一位服装企业的老板 20 年来一直坚持的身心保养方式是每天早上游泳 1 公里。他曾对我说："作为老板，如果身材连自己公司生产的西装都穿不进去的话，可就太不合适了。"

"如果老板是个'三高'人士，那公司员工也会提不起干劲儿的。"

而一位从事汽车销售工作的男士则表示，由于晚上总有应酬或聚餐，能量摄取过多，所以会经常在时间比较充裕的早晨出去跑跑步，通过运动流汗来消耗掉过多的热量。而且，他每年至少去做 3 次体检，当然也不会忘记定期检查口腔和洗牙。

美容针灸或穴位按摩可以促进血液循环，有助于缓解紧张和疲劳。因此，也有很多女性朋友每个月都会光顾两次美容院，风雨无阻。她们早在制订日程计划的时候，就已经优先把这些身心保养的项目写入了日程表。而她们也正是那些在各自行业最前线打拼着的人。

第四章 不被物品束缚的人生

我有一位老朋友（他是音乐产业协会的会长）已经83岁高龄了，虽然平时出行都是车接车送，但他在公司里却基本不乘电梯。

他的办公室位于公司的8层，虽然多有不便，但每次他都坚持要走楼梯。不过，他走楼梯时可不是"勉强爬上去"的，而是"挺胸抬头健步走上去"的。我曾陪着他一起爬过一次楼梯，最后我倒累得喘不过气来了。这使我非常震惊。

有次，我发现他脚上穿着的是一双运动鞋。原来，他每天一到公司楼下就换上运动鞋，然后徒步爬上8楼，到了办公室以后再换回商务皮鞋。

人的身心是不会说谎的。你花精力呵护它，它便会给予回报。

只要重视自己的身心健康，你必然会是一副精力充沛的样子。

为了能"去做所有想做的事"，希望大家多多注意呵护自己的身心健康。

身心保养是工作的一环。

13.

在生命的最后,你最珍视的是什么?

凡是生命,都有结束的那一天。以"去做所有想做的事"为目标的人,会真正接受这件事,使之成为人生的动力。

我们无法左右死亡,但可以掌控自己的人生。

因此,现在我们就要搞清楚什么是自己该珍惜的、有意义的东西,并且在此后的岁月中一直珍视它们。只有这样做,才能带来真正的幸福。

该珍惜的东西当然是因人而异的。

对有些人来说,可能是一张家人的合照、自己从十几岁开始写的日记、父亲的遗物,或一块充满回忆的手表。

而对另一些人来说,则可能是一支喜爱的笔、一部智能手机、一张饱含感激之情的卡片，或一套被某位尊敬的人欣赏的衣服。

还有些人珍视的是健康、陪伴家人的时间、财富等。每个人珍视的东西可以是各不相同的，这并没有正确答案。因为，幸福并不是别人给予的，而是由自己去创造的。正因为有这些东西的存在，你才会去为之努力。也正因为有它们的存在，你才动力十足。实际上，是它们的存在鼓舞着你。如果让这些充满正能量的东西与你同在，就能够达成目标，实现梦想，拥有一个充满希望的人生。

清楚自己该珍惜什么的人，不只会追求理想，更能脚踏实地去努力。当然，他们有时也会憧憬一些不切实际的愿望，但却不会因过于沉迷而失去方向。

那些重要之物会善意地为你踩下刹车，自然地帮你修正前进的方向。很多人在过着被物质束缚的人生时，却没有注意到那些重要的东西才是人生的路标。

如果要在自己的墓碑上刻一个"人生重要事物清单"的话，你会写些什么呢？如果你一生都珍视着它们，那么，你的人生就可以说是"做到了所有想做的事"。

让重要的事物成为人生的路标。

请在这里写出你想刻在自己墓碑上的"人生重要事物清单"

图 4-1